यक्षिणी

कविता-शृंखला

यक्षिणी

विनय कुमार

राजकमल प्रकाशन

ISBN : 978-93-88753-89-0

मूल्य : ₹295

पहला संस्करण : 2019
दूसरा संस्करण : 2021

प्रकाशक : राजकमल प्रकाशन प्रा.लि.
1-बी, नेताजी सुभाष मार्ग, दरियागंज
नई दिल्ली-110 002

शाखाएँ : अशोक राजपथ, साइंस कॉलेज के सामने, पटना-800 006
पहली मंजिल, दरबारी बिल्डिंग, महात्मा गांधी मार्ग, प्रयागराज-211 001
36 ए, शेक्सपियर सरणी, कोलकाता-700 017

वेबसाइट : www.rajkamalprakashan.com
ई-मेल : info@rajkamalprakashan.com

मुद्रक : बी.के. ऑफसेट
नवीन शाहदरा, दिल्ली-110 032

YAKSHINI
Poems by Vinay Kumar

दीदारगंज की यक्षी

'दीदारगंज की यक्षी' पटना के बिहार संग्रहालय में संरक्षित-प्रदर्शित एक मौर्यकालीन मूर्ति है। बलुआ पत्थर की यह 64 इंच ऊँची मूर्ति एकाश्म और सुगढ़ है। अंगों के अनुपात स्त्री-सौंदर्य की तत्कालीन अवधारणाओं के अनुरूप हैं। दैहिक खुलापन, मुस्कुराता मुखमंडल, अंगों के मोहक अनुपात और प्रजनन-क्षमता के संकेत इसे यक्षिणी की मूर्ति मानने के पक्ष में प्रमाण हैं। 2000-2300 साल पहले गढ़ी गई यह मूर्ति चँवरधारिणी है। पुराविदों के अनुसार मौर्यकाल में यक्ष-पूजा प्रचलित थी। मौर्य साम्राज्य के क्षेत्र से यक्षों-यक्षिणियों की कई प्रतिमाएँ मिली हैं। पटना से एक चँवरधारी यक्ष की भी मूर्ति मिली है। इन सूचनाओं के संदर्भ में दीदारगंज से प्राप्त इस मूर्ति को यक्षिणी की मूर्ति मानना समीचीन लगता है।

कुछ लोग इसे शुंग काल की भी बताते हैं किन्तु इसकी पॉलिश की चमक और अक्षुण्णता इस मूर्ति की मौर्यकालीनता को स्थापित करती है। दीदारगंज, जहाँ से यह मूर्ति 18 अक्टूबर 1917 को प्राप्त हुई, मौर्यकालीन राजधानी के अवशेष-स्थल कुम्हरार से मात्र 10 किलोमीटर दूर है और गंगा-तट पर अवस्थित है। बहुत सम्भव है कि चुनार की पहाड़ियों से बलुआ पत्थर जल-मार्ग (गंगा) से पाटलिपुत्र के आसपास के शिल्प-निर्माण केंद्रों में लाए जाते हों और वहाँ नगर और राज्य की सज्जा के लिए मूर्तियाँ बनती हों।

यक्ष के स्त्रीलिंग के रूप में यक्षी और यक्षिणी दोनों ही प्रयुक्त होते हैं। बिहार संग्रहालय में प्रदर्शित मूर्ति को आधिकारिक तौर पर 'यक्षी' कहा जाता है। यहाँ भी मूर्ति के संदर्भ में 'यक्षी' शब्द का ही प्रयोग हुआ है किन्तु अमूर्त रूप के लिए काव्य-लय के अनुसार दोनों में से कोई भी।

भूमिका

इतिहास और उसके अवशेषों के ठिकाने मुझे खींचते रहे हैं। इसलिए नहीं कि मैं ज्ञान के इस अनुशासन का विद्यार्थी हूँ और वहाँ किसी शोध के लिए जाता हूँ; सत्य तो यही कि मानसिक निरंतरता के उस बोध के लिए जाता हूँ जो संस्कृति की प्राण-धारा है। वहाँ पहुँचकर जब भविष्य के बारे में सोचता हूँ तो इस अनंत रिले रेस में अपनी भूमिका को स्पष्टतर और स्वयं को—कुँवर नारायण से एक शब्द उधार लेकर कहूँ तो—मनुष्यतर देखता हूँ। जाने और लौटने का एक और आयाम भी है। जाता तो वैसा ही हूँ जो हूँ मगर लौटते समय वह क़तई नहीं रहता। समय और भूगोल की अनंतता और अनिवार्य नश्वरता के पाटों के बीच पिसता हुआ मन वैसे का वैसा लौट भी कैसे सकता है। इस बदलाव का इतिहास-बोध के चालू मुहावरों से कोई सम्बन्ध नहीं, क्योंकि अतीत का बोध मुझे न तो गौरवान्वित करता है, न दुःखी और न ही असहाय; बस एक बाध्यकारी उत्सुकता जगाता है जो मुझे समय के आयाम में इस तरह दाख़िल करा देती है कि कालखंड बसे-बसाए इलाक़ों-से लगते हैं और बाशिंदे कल और आज के इलाक़ों के बीच आते-जाते और बोलते-बतियाते नज़र आते हैं। मेरी रुचि इसी आवाजाही और इन्हीं संवादों में है न कि गुप्तों के तथाकथित स्वर्ण युग या मौर्यों के महान मगध की मानसिक नागरिकता में। मैं युद्धों और मानवीय गरिमा की सदी से चलता हुआ वस्तुओं और वासनाओं की सदी में आया हूँ और यहीं अस्त भी होना है मुझे, मगर समय और मनुष्यता की यात्रा तो अनगिनत क्षितिजों के पार तक होनी है। इस चेतन मंच पर सजग खड़ा रहने के बावजूद रचनात्मक पृच्छा का यह आयोजन शायद इसीलिए हो पाया कि 'आधुनिक गुफ़ाओं की आग से झुलसी जिज्ञासा पुराने सतघरवा के दुआर पर खड़ी चँवरधारिणी के साथ आदिम गुफ़ाओं की ठंडक के रहस्य' जानना चाहती थी।

इस पुराने सतघरवा में कुछ ही घर इतिहास के हैं। ज़्यादातर हिस्से प्राक्-इतिहास और मिथक के इलाक़े में पड़ते हैं। यह एक संयोग है कि जिस तत्त्व के सहारे मेरी यात्रा शुरू हुई वह इतिहास में तो मूर्ति-शेष ही है, किन्तु मूर्ति के पीछे सचेत आख्यान और विराट सामूहिक अचेतन का अंग। सचेत आख्यान से मेरा तात्पर्य उन वैदिक-पौराणिक प्रसंगों से है जो यक्षों को अपने देव-तंत्र में उपदेवताओं की पंक्ति में बिठाते हैं। उत्पत्ति के दृष्टिकोण से यक्ष वेद-पूर्व तो हैं ही, मुझे लगता है भाषा-पूर्व भी हैं। प्राकृतिक संकटों-आपदाओं के बीच विकसित होते मानव की कामना की सन्तानें! प्राकृतिक घटनाओं में चमत्कार के संकेत ढूँढ़ते आज के लिहाज़ से अबोध लोकमानस की विशफुल थिंकिंग की रचनाएँ। यह अलग बात है कि उन्हें यक्ष तब कहा गया होगा, जब ऐसा कहने वाली भाषा विकसित हुई होगी।

यक्ष शब्द पहली बार ऋग्वेद में प्रकट होता है। किन्तु किसी देवता-विशेष के अर्थ में नहीं। यहाँ यह शब्द एक अमूर्त बौद्धिक अवधारणा के रूप में है। अनुमानतः यह शब्द पूर्व-वैदिक और आर्येतर है और ऋग्वेद में परम ब्रह्म के अर्थ में प्रयुक्त हुआ है; शायद इसलिए कि आर्यों का एक उदार वर्ग इस अवधारणा के प्रति आस्थावान रहा होगा। किन्तु ऋग्वेद में ही हमें अच्छे और बुरे यक्ष की अवधारणा भी देखने को मिलती है। यह इस शब्द में समाहित परम सत्ता की पदावनति का आरम्भ था। ज़ाहिर है, यह उनके प्रभाव से हुआ होगा जो अपेक्षाकृत शुद्धतावादी होंगे। वाल्मीकि रामायण के अनुसार जल का संरक्षण करने के लिए प्रजापति ने ख़ास प्रकार के जनों का सृजन किया और 'रक्षध्वम्' का आदेश दिया। यह श्लोक द्रष्टव्य है :

रक्षामेति च तत्रान्ये यक्षाम इति चापरे।
भुक्षिताभुक्षितैरुक्तस्ततस्तानाह भूतकृत ॥ 12 ॥

"उनमें से कुछ भूखे प्राणियों ने कहा—रक्षामः, यानी हम रक्षा करते हैं और कुछ क्षुधारहित प्राणियों ने कहा—यक्षामः, यानी हम उत्तरोत्तर वृद्धि करते हैं।"

ये संदर्भ यक्षों की उत्पत्ति की कहानी गढ़े जाने और देव-दरबार में उनका ओहदा तय करने के पक्ष में प्रमाण की तरह देखे

जा सकते हैं। उत्तरोत्तर वृद्धि की अवधारणा लोकमत से ही आयातित प्रतीत होती है। वेदों का परम यक्ष और उत्तर भारत के गाँवों में आज भी पूजित आकारहीन पिंडशेष बरमदेव एक ही हैं। ग्रंथों में वर्णित और कर्मकांडों में अनिवार्यतया आहूत लोकपाल और दिग्पाल भी यक्ष ही हैं। लोकमानस की इन सन्तानों की लोक-व्याप्ति का पता इससे भी चलता है कि सनातन हिन्दु धर्म के साथ-साथ प्राचीन श्रमण-संस्कृति के प्रतिनिधि जैन धर्म और प्राचीन भारतीय रेनेसाँ बौद्ध धर्म भी यक्षों को अपने मत में स्थान देते हैं। इसे यक्षों की लोकव्याप्ति और लोकप्रियता से उपजे दबावों के प्रमाण की तरह देखा जा सकता है। बौद्ध धर्म में शामिल जम्भल हिन्दुओं के वैश्रवण कुबेर जी महाराज ही हैं जो चीन से 'लाफ़िंग बुद्धा' की उपाधि लेकर लौटे हैं और दुनिया-भर में धन-धान्य के शुभंकर बने बैठे हैं।

सभी देवी-देवताओं को समंजित करनेवाली महा-विलयन की प्रक्रिया ने यक्षिणियों को भी देव-तंत्र में स्थान दिया। किन्तु उनके साथ वही हुआ जो वास्तविक जगत में स्त्रियों के साथ। उद्दामरेश्वर तंत्र में विचित्रा, मदना, मेखला, जनरंजिका, हंसी, लक्ष्मी आदि 36 प्रकार की यक्षिणियों का वर्णन है। औषधि देनेवाली विशाला और वस्तुओं के आर-पार देखनेवाली हंसी को छोड़ दें तो अधिकांश कामनाएँ जगाते स्त्री-प्रतीकों की तरह वर्णित हैं। उनकी आराधना से इच्छाओं की पूर्ति होती है। । मेरी इस रचना-यात्रा में कामनाओं को जगाने वाली विचित्रा और वस्तुओं के आर-पार देख सकने वाली हंसी दो प्रतीकों के रूप में साथ रही हैं।

स्मरण नहीं कि दीदारगंज की यक्षी को पहली बार कब देखा और न यही कि शहर के इकलौते संग्रहालय में आते-जाते कितनी बार। संग्रहालय-भवन के प्रवेश द्वार से घुसो तो बायीं तरफ़ बने पहले ही हॉल के द्वार पर खड़ी महाशया हर आगंतुक को अपनी ट्रेडमार्क पॉलिश की आभा से सम्मोहित कर लेती थीं। यह लिखते हुए अपना मुड़-मुड़ कर देखना याद करता हूँ और साथ में यह भी कि बिना बाएँ मुड़े भी कई बार वहाँ से आगे गया। ग़रज़ यह कि वह मेरे लिए एक जानी-पहचानी सुंदर मूर्ति-भर रह गयी थी। किन्तु जब नगर को एक नए संग्रहालय का उपहार मिला और उसके वहाँ

से स्थानांतरित होने का समाचार छपा तो हॉल नम्बर–1 के अग्रभाग के सूनेपन की कल्पना से मन सिहर उठा और एक कविता सम्भव हुई। कथा सम्भवत: यहीं ठहर जाती अगर कुछ दिनों बाद नवनिर्मित बिहार संग्रहालय में जाने का अवसर न मिलता। वहाँ पहुँचा तो देखा—महाशया नए संग्रहालय के विमल प्रकाश में किसी साम्राज्ञी की तरह शोभायमान हैं। उन्हें देखकर गति की अनुभूति हुई। लगा, सामने से चली आ रही हैं। मैंने कहना चाहा कि इन्हें देखना अपने आप में एक उत्सव है जिसे उन्होंने मानो सुन लिया।

....मूर्ति वहीं रह गयी किन्तु उसकी चेतना की ऊष्मा और अरुणिमा मेरे अचेतन को तरल और रक्ताभ करती हुई मेरे साथ चल पड़ी। मगर यह बात तब कहाँ पता थी। अब पलटकर देखता हूँ तो याद आता है कि कैसे एक के बाद एक कविताएँ लिखता चला गया—जैसे मेरे भीतर ग़ालिब के नाड़े की गाँठें खुल रही हों या एनोडाइन खाकर सोये कॉलरिज के मानस में छटपटाता कुब्ला ख़ान ज़ैनडू में बर्फ़ीली गुफ़ाओं वाले आनन्द के धूप–स्नात गुम्बद की तामीर करवा रहा हो। कुछ भी सायास नहीं। डेढ़ महीने में लगभग सत्तर प्रतिशत। इसी बीच अंतिम अंश कथांतर भी, जो सिर्फ़ ढाई घंटे में। क्लीनिक के काम और इंडियन साइकायट्रिक सोसाइटी के प्रकाशनों के सम्पादन–कार्य के बीच, दुनियादारी के सारे ऊबड़–खाबड़ के बीच और मेरे अपने अज्ञान और आंतरिक अवरोधों के पर्वतों के बीच—पानी और हवा की तरह। मुझसे, मगर मेरे नियंत्रण में भी नहीं। दो–चार को छोड़कर सब की यूँ झलकीं जैसे कोई आभा अन्धकार की सांद्रता में निश्चिन्त रात की बंद पलकों के द्वार पर दस्तक दे। इस रचना–यात्रा के लिए मैं प्रेरणा और पाथेय रही इस अहेतुक आभा का आभारी हूँ। और आभारी हूँ इतिहास की छात्रा और शिक्षिका रही अपनी जीवन–संगिनी मंजु का जिसके साथ चलते–चलते मेरे भीतर का कवि इतिहास के अनंत वन में झाँकना सीख गया है।

1 जनवरी, 2019 —विनय कुमार

तुझे प्रत्यक्ष और द्रष्टा मानकर
सच कहूँगा पूरा सच कहूँगा
और सच के सिवा कुछ भी नहीं कहूँगा

ये कविताएँ मेरी नहीं
उन लहरों की हैं
जो किसी अज्ञात सागर से उठीं
और मेरी भाषा में अपना जल
और स्वाद और ताप
और हर बार कुछ सीपियाँ रखकर लौट गईं
अब इनमें मोती हैं या नहीं
न लहरें जानती थीं
और न ही मैं जानता हूँ

घोड़े वहाँ दौड़ते हैं
धूल यहाँ उड़ती है
युद्ध वहाँ होते हैं
रक्त के छींटे यहाँ पड़ते हैं
अग्नि वहाँ भड़कती है
लपटें यहाँ उठती हैं
आँधियाँ वहाँ चलती हैं
भोजपत्र यहाँ फड़फड़ाते हैं
बारिश वहाँ होती है
आत्मा यहाँ भींगती है
हे कथावाचक
तुम किसकी कथा सुनाते हो
कि घायल वह होता है
और पीड़ा मुझे होती है

उसे देखता हूँ तो लगता है
कि जैसे मैं ही हूँ
उसे सुनता हूँ तो लगता है
जैसे अपना ही स्वर
कैसी कथा के बीच खड़ा हूँ मैं
जो उसकी भी है और मेरी भी
जो सच भी है और झूठ भी
जैसे क्षितिज
जो है भी और नहीं भी...

हट्ट रे हथौड़े
छेनियों की तराश तो क़तई नहीं यह!

1

जिस जगह तुम पायी गई
वह दीदारगंज है
अलकापुरी नहीं
ढूँढ़ो तो भारत के नक़्शे पर
अलकापुरी कहीं नहीं है
न वो प्रजाति जिसे कहते हैं यक्ष

अब तो वे शिल्पी भी नहीं न वो कला
यह सूचना भी नहीं चिरयौवने
कि मगध के किस ग्राम में मायका तुम्हारा
और दो हज़ार साल से पहले का समय
तो समय का सर्जक भी नहीं ला सकता

मगर तुम हो
जैसे दीदारगंज है
जैसे चुनार है उसके सैकत पत्थर हैं
और मेरी आँखें हैं तुझे निहारतीं
और मेरी भाषा का पानी
जिसमें तुम्हारी परछाइयाँ हैं!

2

तुम उन दिनों की रचना हो सुभगे
जब ऋतुएँ अनुकूल होंगी
और गगन से गिरता जल
इतना निर्मल इतना मीठा
कि पर्वतों ने भी पिया होगा छककर
और इतनी मुलायम हो गई होगी
पाहन की प्राकृत काया
कि पौरुष के संस्कृत हाथों ने गढ़ी होगी
मन के आँगन में काँधे पर चँवर धरे
खड़ी मादकता की मोहक प्रतिमूर्ति

हट्ट रे हथौड़े
छेनियों की तराश तो क़तई नहीं यह!

वही थी
उड़ते हुए मेघ पर खड़ी बिलकुल वही थी
जैसे कोई यक्षिणी दिगंत में
उसी का था स्वर
ताना-सा मारा और बह गयी

रात थी नींद थी स्वप्न था
किन्तु, मेरी सहमी हुई चेतना का जागना सत्य था

10

दिवस है तो दिवस रात्रि है तो रात्रि
जब जितना प्रकाश
उतने में आँखें खोलकर देखता हूँ

कोई गोधूलि नहीं
बातें करता हूँ
साझा करता हूँ कला के रहस्य
मन के सब गोपन
दर्शनपुर के सुख
दुःख पाटलिपुत्र के

बड़े धैर्य के साथ सब सुनती वह

पूछ भी लेती कभी-कभी
कैसे सीखा
कौन-सी मूर्ति कब, क्यों और कैसे बनायी
और मैं सीखने के दिनों को याद करता
यह भी कि कैसे छिटकती है छेनी
और एक बच्चे की कोमल उँगली रक्त से भींग जाती है
कि कैसे बिदकता है हथौड़ा और
पिता के श्रम की नाक टूट जाती है
और कितनी क्षिप्रता से लहराती है

एक हताश हथेली और बच्चे के गाल पर छप जाती है

सब सुनती वह इतनी तन्मय होकर
मानों अपनी ही किसी त्रासद स्मृति के वन में खो गयी हो
और धीरे-धीरे उसके गालों की चम्पई आभा मलिन हो जाती

एक दिन ऐसी ही धूमिल बतरस के बीच
उसके दुःख ने लील लिया था मुझे
मगर हथौड़ियाँ कब मानती हैं
कब रुकती हैं छेनियाँ
पत्थर में लुप्त अंगों की खोज जारी
कि थोड़ी देर बाद सुनी
गुड़ के दानेदार शर्बत सी गीली आवाज़
मैं मुड़ा
हाय, वह तो रो रही थी

चाहा तो बहुत कि पोंछ दूँ
करुणा के जल से भींगा सारा मालिन्य
मगर कहाँ वे चम्पई गाल
और कहाँ मेरी गाँठदार मैली हथेली
वस्त्र भी पत्थर के कणों से अटे
कोरे-कुँवारे इस मन के सिवा
कुछ भी तो नहीं था स्वच्छ

11

तुम्हारे बाल उड़ रहे हैं
और मेरा आकाश ढक गया है
तुम्हारी आँखें खुली हैं
और सृष्टि के सारे मेघ शरणागत हैं

एक पीली आभा है
यानी मैं तुम्हें देख पा रहा हूँ

और मेरी सृष्टि में धूप है
जैसे तुम हँस रही हो

लानतें भेजता हूँ उन्हें
जो प्रकृति को कृति कहकर
कहीं और देखने लग जाते हैं

12

एक दिन आई वह हल्के नीले वस्त्र में
जैसे पहने हो कार्तिक मास का निर्मल आकाश
उजले-पीले फूल तारों की तरह चमक रहे थे
लगा कि कन्धे पर रेशमी चँवर धारे
कोई यक्षिणी अभिसार को निकली हो

मैंने परिहास किया
—आज का निरीक्षक तो मैं हूँ देवि
—प्रस्तुत हूँ
कहा उसने इठलाकर

मैं उसे घूम-घूम देखता रहा
कभी आगे कभी पीछे
कभी दाएँ कभी बाएँ
निहारता रहा ईश्वर का सुलेख
काया की कूटभाषा पढ़ता रहा बार-बार
साम्राज्ञी की सहचरी थी वह
गरिमा और धैर्य की क्या सीमा

सारी की सारी सृष्टि निस्पन्द
जागृत बस दो
मेरी समाधि और उसकी मुस्कान
ऐसी समाधि कि
घड़ी बरस दिवस नहीं युग बीते

जाने किस युग में हम थे
कि आई एक अनुचरी
—देवि, साम्राज्ञी ने आपको बुलाया है

और वह यंत्रवत् चल पड़ी
तनिक आगे बढ़ी
तो मेरे मुख से नियति ने पुकारा—
हे निरीक्षिके! आना अब एक मास बाद
उपवन की सारी मूर्तियाँ तैयार मिलेंगी

सुनकर वह मुड़ी
कन्दुक से उछले दो शब्द—पूरी स्वतंत्रता
और वह गयी
काँपता रहा दूर तक उसका गजनौटा
देर तक उड़ती रही उसकी मुस्कान
धूल-धूसरित कार्यशाला को धन्य कर

13

एक मास बाद क्षुधा और क्लान्ति थी
विकट विश्रान्ति थी
भूमि की शय्या पर निद्रा के सिन्धु में निमग्न था मैं
कि उद्धत प्रतिहारी ने झिंझोड़कर जगाया
उठो शिल्पी, उठो, दोपहर होने को आई, उठो
साम्राज्ञी स्वयं आ रही हैं मूर्तियाँ निरीक्षण को

मैं घबराकर उठा
मुँह धोकर डाल एक उत्तरीय
यथाशीघ्र प्रस्तुत हुआ ही था
कि सुरभियुक्त वायु ने सचेत किया

'मूर्तियाँ आवृत क्यों है शिल्पी
एक-एक कर अनावृत की जाएँ'

उसी का स्वर था किन्तु वह नहीं
साम्राज्ञी की मुख्य परिचरिका बोल रही थी
और मैं सम्मोहित आगे बढ़ा
एक के बाद एक दस मूर्तियाँ अनावृत कीं

'साधु! साधु! साधु!'

पहली बार सुनी वह ध्वनि
कानों के परदे पर
मन की जीभ पर
राजसी मिठास के छींटे पहली बार पड़े
'और यह ऊँची मूर्ति
इसे भी अनावृत करो शिल्पी'

मैं धन्य
कला की ऊष्मा
सत्ता को कैसे कोमल कर देती है

और मैंने शिशु सुलभ चपलता से आवरण हटाया
और पहली बार देखा महादेवी की ओर

हाय! यह क्या साम्राज्ञी के नेत्र तो विस्फारित
किन्तु ईर्ष्या और क्रोध की लपटें क्यों
क्यों देख रहीं वे एक बार मूर्ति को
और दूसरी बार उसे
और उसका मुख इतना विवर्ण क्यों

मैं हतप्रभ...

साम्राज्ञी मुड़ीं और कहा प्रतिहारी से
इस मूर्ति को अंग-भंग
और शिल्पी को दंडित मूर्ति के साथ
नगर से निष्कासन मिले

वे गईं और गया सारा दल
साथ में वह भी
जैसे भागते हुए शकट से बँधी एक आहत मृगी
मुड़कर एक बार भी नहीं देखा

14

—लेकिन क्यों
कला की कोमलता को इतना कठोर दंड क्यों
क्या अपराध है मेरा

—अपनी सबसे ऊँची मूर्ति को देखो शिल्पी
दंडाधिकारी का उत्तर था

—क्यों देखूँ भला
ज्ञात है मुझे
वह मेरी सर्वश्रेष्ठ कृति है
शुभांगी है विचित्रा प्रसन्नवदना है वह
ऐसी कि पत्थर के आगे भी रख दो
तो जीवन मुस्का दे

—इसीलिए कहता हूँ शिल्पी
इससे पहले कि अंगों का भंग हो
देख लो अन्तिम अखंड छवि अपनी विशिष्टा की

और मैंने देखा
अरे! यह तो वही है बिलकुल वही
इसे मैंने कब रचा
मैं तो सतर्क था
कि शिल्प में मेरे वह हो तो अवश्य
किन्तु इतना ही मात्र कि वह जाने मैं जानूँ
और जग कहे कि साधु साधु सुन्दर अति सुन्दर

असफल हूँ मैं पूर्णतया असफल
शिल्पी नहीं अपराधी
दास हूँ अनंग का
आत्मा का पाप हूँ
अपनी ही सृष्टि पर शाप हूँ
शिल्प क्यों शिल्पी हो दंडित
अंग-भंग मेरा करो

हाय!
प्रथम छवि अन्तिम
प्रथम स्पर्श अन्तिम
और मात्र एक आधा-अधूरा अभिसार
शेष संहार...शेष संहार

15

यह गंगा का तट है कवि
उस गंगा का जो कथाओं में ही नहीं
बाहर भी बहती है
यहीं रहता हूँ
वो रही मेरी पर्णकुटी

मैं उसके स्नान के लिए जल लेने आया हूँ
बस, हमीं दोनों रहते हैं और क्या
क्या नगर क्या पुर
खंडित मूर्ति और दंडित शिल्पी के लिए
कहीं स्थान नहीं

क्या करता हूँ
हाहाहाहाहाहा
प्रार्थना करता हूँ प्रार्थना
ईश्वर के ईश्वर से
कि ईश्वर के शिल्प को

शिल्प के ईश्वर दंड से मुक्त करे
और दंड ही देना हो
तो मुक्ति का दंड दें
मुक्ति का दंड हाहाहाहाहाहा

और क्या
उसे मैं निहारता हूँ
मुझे वह निहारती है
खेलता हूँ टकटकी लगाने का खेल
और कवि उसकी ढिठाई तो देखो
कभी नहीं हारती
चलता है चलने दो
जैसे वह प्रसन्न रहे
सच तो यही कि उसकी ही स्मिति से किरणें छिटकती हैं
दिन की उजास उसी की आभा से
उसी की थकान से गगन सँवलाता है
उसी की देह के घावों का कृष्ण रक्त तिमिर बन बहता है
उसी की पीड़ा से रात की निविड़ता
विकल वनस्पतियों में वही सिसकती है

—और अब क्या कहूँ
आपस में करते हैं बातें चुपचाप
सोचो तुम, कौन अधिक पत्थर है!

3

मुमकिन है वो बिलकुल ऐसी ही होगी
जैसी यह मूर्ति
सोचता है हर देखनेवाला
और एक बीती हुई घाटी में छलाँग मारता है
समझता तो है
कि वह अब राख और मिट्टी में भी नहीं
दो हज़ार साल से ज़्यादा बीत गए
इतने सालों तक कोई भी देह बच नहीं सकती
मगर मन नहीं मानता
सबको यही लगता है
कि उसमें चुटकी-भर जान अब भी बाक़ी है

कैसे होंगे वे हाथ और वे उँगलियाँ
जिनकी चुटकियाँ पकड़ सकती थीं प्राण
और युगों से निष्प्राण पत्थरों में
प्रवाहित भी कर सकती थीं

इसे देखना सिर्फ़ देखना नहीं
देखा जाना भी है
इतने संक्रामक हैं इसके पुरातन प्राण
कि एक दृष्टि और सृष्टि के सबसे पुराने अन्धकार में
दिपने लगते हैं अंग, आकार और आकृतियाँ
सुनाई पड़ती हैं वे आवाज़ें जिन्हें कभी सुनना चाहा होगा
उम्र और रास्तों के मोड़ों पर
किसी से दूर किसी के साथ!

4

किसी भी पत्थर से नहीं फूट जाती कोई नदी
पहाड़ से हिलगाए और तराशे पत्थरों से तो क़तई नहीं
मगर कुछ तो है कि तुम्हें देखते ही
कानों में नदी का उद्गम बज उठता है

जानता हूँ कि तुम्हारे भीतर कोई मौसम नहीं
समय भी नहीं कि घूमे पहिया
और आकाश भी नहीं कि घिर आएँ साँवले सलोने मेघ
मगर कुछ तो है कि तुम्हें देखते ही
हृदय के भीतर बारिश होने लग जाती है

इतना भी कवि नहीं मैं कि तुझमें ढूँढूँ
अपनी प्रागैतिहासिक प्रेमिकाएँ
न इतना अन्धविश्वासी कि बाँधूँ तुझे
किसी पिछले जन्म के उड़ते उत्तरीय से
मगर कुछ तो है कि स्वयं को
देह और इतिहास के बाहर देखने लग जाता हूँ!

5

माना कि तुम पत्थर की हो
मगर पत्थर नहीं
तुम्हारे मुख से फूटती प्रसन्नता पत्थर नहीं
न वह छाया ही
जो शिल्पी के मानस से नसों तक आई
और पत्थर पर प्रकाश की लिपि में बस गई

और मैं भी तो पत्थर नहीं

मेरी जीवित आँखें मेरा मोद-विह्वल मन
और तुम्हारी चेतन कौंध
और शिल्पी की मनस्तरंगें सब एक हैं
आज यहाँ अभी!

6

जैसे लंदन के लोगों को अपना लगता है बिग बेन
फ्रांस वालों को एफ़िल टॉवर
अमेरिका के लोगों को स्टैचू ऑफ लिबर्टी
मिस्त्र के बाशिंदों को पिरामिड
इस्तांबुल वालों को हेगिया सोफ़िया
बेलजियम-वासियों को सू-सू करता बच्चा
स्विट्ज़रलैंड के लोगों को लूजर्न का मरता हुआ शेर
और भारत के लोगों को ताजमहल

वैसे ही मुझ बिहारी को तुम!

7

बचपन में अक्सर मैं ट से टकराता रहा
जैसे वर्णमाला के बीच कोई रोड़ा हो
बड़ा हुआ तो दाल जैसी गलती भाषा में
कई नए शब्द कंकड़ लगे
गालियाँ पत्थरों–सी बरसीं
ज्ञानियों ने जटिल शब्दों से दीवारें बनाईं
और सम्राटों के मुँह से निकले
मामूली शब्द पहाड़ों से भी ऊँचे दिखे

भाषा की नदी में तैरना अब तक नहीं सीख पाया
मगर मेरी कविता जानती है
कि प्रच्छन्न पत्थरों से टकराना क्या होता है

आज वही कविता तुम्हारे सामने खड़ी है
और देखो तो सही कितनी हैरान है
कि तराश दो तो एक पत्थर भी
कितना कुछ कह सकता है!

8

फेंके गए पत्थर फिंक नहीं जाते कहीं
ओझल हो जाना नष्ट होना नहीं
और वे पत्थर जो पानी पर तैर कर पुल बनाते हैं
पुल ही नहीं रहते सदा
नदी के सूख जाने
और समुद्र के पीछे हट जाने पर
मार्ग में आ जाते हैं

त्रेता के पत्थरों से आज भी ठेस लगती है
कुरुक्षेत्र से गुज़रते हुए कई बार लगता है
कि कहीं बर्बरीक के सिर के
जीवाश्म पर पैर न पड़ जाएँ

जिन पत्थरों से मूर्तियाँ बनीं
सदा नहीं पूजे गए
और जब पूजे गए तब भी
किसी न किसी के मार्ग में अड़चन की तरह पड़े
और इस कारण हटाए भी गए
और कुछ तो इस तरह तोड़े गए
कि पहचानना मुश्किल कि कभी मूर्ति भी थे

मगर एक तुम हो
पत्थर की बनी और पत्थर की ही तरह टूटी-फूटी
लेकिन किसी के लिए पत्थर नहीं!

9

अगर मैं भी लिख दूँ
कि दीदारगंज वाले तुम्हारी पीठ पर कपड़े धोते थे
पटक-पटक कर साबुन और सोडा देकर मिचकारते हुए
तो सहानुभूति की नरम और गीली आवाज़ें
अतीत की हज़ारों साल गहरी गुफा के
गर्भगृह में भी सुनाई देंगी
और किसी रात शिल्पी अवश्य आएगा
और मेरी नींद के द्वार पर
कारण बताओ नोटिस चिपका जाएगा

कि अबे ओ नागर कवि
क्या समझते हो तुम गाँववालों को
किसने तुम्हें समझा दिया
कि वे इतने मूर्ख होते हैं
कि पाट और पीठ का अन्तर नहीं समझते
और फिर वे स्त्रियाँ जिनकी उम्र ही बीती
बच्चों और जच्चों की पीठ की मालिश करते
क्या अन्धी थीं सबकी सब
किस धोबी-पाट में इतना पुष्ट जूड़ा
और ऐसा लहराता गजनौटा होता है भाई ?

10

कई बार मिला हूँ तुमसे
मगर हर बार आकर्षित ही हुआ हूँ ऐसा भी नहीं
ठीक तुम्हारे सामने से
बिना बाएँ मुड़े भी गुज़रा हूँ कई बार
कि जाना हो किसी को
कुर्किहार के कांस्य प्रवासियों की कॉलनी में
तो मौर्य-वीथी से होकर नहीं जा सकता कोई
उसे जाना ही होगा आगे
पहचानना ही होगा कि मार्ग सैंडस्टोन से बना है
कि ब्लैक बसॉल्ट से

तुम इतिहासविदों से
अपने ही सामने रुके रहने की उम्मीद मत रखो यक्षी
ज्ञान की छननी से छने प्रेम की मात्रा बहुत थोड़ी होती है!

11

ख़बर तब आई
जब दिन और अजायबघर दोनों के द्वार बन्द हो रहे थे

अँधेरा घिरा और गीली लकड़ियाँ सुलग उठीं
क्या पत्थर क्या धातु और क्या मिट्‌टी
सारी मूर्तियों और सारे पुतलों के
दिल से धुआँ उठने लगा
चित्रों तक बात थोड़ी देर से पहुँची
मगर उनकी भी आँखें जल उठीं
और होंठों के कोने कुछ और टेढ़े हो गए
मूर्ति तो मूर्ति चित्र तो चित्र
मध्यकालीन हथियार भी हत्थे से उखड़ने लग गए

सृष्टि के सबसे बूढ़े पेड़ों में से एक
जो जाने कब से सोया था
उसकी नींद भी खुल गयी
उसने बुद्ध से पूछा— क्या शोर है भन्ते
क्या फिर प्रलय

बुद्ध ने हौले से हँसकर कहा
नहीं, यक्षी को फ्रांस जाने का आदेश आया है

और यक्षी इन सबसे बेपरवाह
एक मुग्धा की तरह मुस्कुरा रही थी

रात गहराई तो अवलोकितेश्वर ने धीरे से पूछा—

प्रसन्न तो हो न शुभांगी
अब शुभांगी क्या कहती
कि उसकी प्रसन्नता तो पत्थर की लकीर है
क्या दुख क्या शोक और क्या प्रलय
विदीर्ण और चूर्ण भी होगी तो प्रसन्न ही—
मगर पड़ोसी के पूछने का मान तो रखना था,
बोली—थोड़ी विह्वल तो हूँ तात
कि क्या और कैसा और कहाँ होगा यह मुआ फ्रांस

अवलोकितेश्वर ने उदास स्वर में कहा
—पृथ्वी पर ही है शुभांगी
कहीं जाओ क्या अन्तर
देश एक भ्रम है सीमाएँ अर्थहीन
प्रदर्शन ही होगा वहाँ भी तुम्हारा
और यहाँ भी क्या है
गात और बात
सब अन्धों और बहरों की प्रतीक्षा में पत्थर
दर्शन किसे दिखता है शुभांगी
हमसे अधिक पत्थर है उनकी आत्मा
जो हमें पत्थर देखना चाहते हैं

कक्ष में उदासी बह चली
और यक्षी को अपनी बायीं भुजा
और नासिका का टूटना याद आया
वह एक ऐतिहासिक पीड़ा से कराह उठी
और पूरा अजायबघर पुकार उठा—
शुभांगी! शुभांगी! शुभांगी!
हम सबकी प्यारी शुभांगी!!!

12

यक्षी का शृंगार हुआ
माने वही थोड़ी धुलाई-पुँछाई और क्या
और रिहा पच्चीस करोड़ के मुचलके पर
यानी स्वामित्व छोटी से बड़ी सरकार को
और फिर लकड़ी के ताबूत में बन्द

तलवारों ने फ़ातिहा पढ़ना चाहा
मगर बुद्ध ने बरज दिया :
ना, केवल कृति नहीं वह
कथा भी प्रथा भी व्यथा भी
कहाँ नहीं आत्मा उसकी
निशा की निविड़ता में सुनना यक्षगान!

13

पूरा अजायबघर भरा है
बस तू नहीं
और प्रबुद्ध आत्माएँ लौटती हैं उदास
कि सब कुछ देखा
बस वो नहीं जिसे देखने आए थे
इतनी दूर से
पूछा जाता है तुम्हारे रखवालों से
—कब आओगी तुम
रखवाले कहते हैं—
देखिए, जब आ जाए तो समझिए आ गई

सुनते हैं अवलोकितेश्वर और मैत्रेय
और उदास हो जाते हैं

ख़ूब है तुम्हारी लीला
आज वे भी उदास हैं
जो कहते थे
कि काल और नदी की बूँदें
वापस नहीं लौटतीं
ऐसी वाचाल अनुपस्थिति सबके भाग्य में नहीं होती शुभांगी!

14

उस रात अजायबघर में
इतनी अफ़वाहें उड़ीं कि बुद्ध घबरा गए
कलह के मृदंग और निन्दा के नगाड़े
लगा, मार लौट आया है
और आक्रमण भीषण है

ताराएँ झींगुर की तरह झनझना रही थीं
और मिट्टी की मूर्तियाँ हँस रही थीं
एक हँसी
जिसमें विक्रमशिला की मर्यादा का लेश भी न था

बुद्ध विह्वल थे
सभ्यता और संस्कृति के ये प्रतीक
इनका ये हाल है
तब क्या होगा उन मनुष्यों का
जिन्हें ये साधारण समझते हैं
बात बस इतनी
कि यक्षी के गाल में थोड़ी-सी खरोंच
और शोर ऐसा कि शुभांगी ने सब कुछ खो दिया हो
हे ज्ञान और गरिमा और न्याय की मूर्तियों
बस करो
तुम सब एक मंडी में हो
और तुम भी उतने ही टूटे-फूटे
अभंगता का एक स्वाँग मत भरो
स्वागत करो कि
शुभांगी के साथ लौट आई है श्री

उचटती हुईं ही सही
कुछ दृष्टियाँ तो पड़ेंगी तुम पर भी हर दिन
वरना धूल खाते ही रह जाते!

15

मैं एक अधीर समय का यात्री हूँ
धैर्य मेरा पाथेय नहीं
झूमते हुए वृक्ष को देख रीझता हूँ
किन्तु रुक नहीं पाता
मुझे कहीं भी ठहरने के लिए
अवकाश अर्जित करना पड़ता है
फिर भी कहूँगा
कि धैर्य ही ध्येय है मेरा
सारी गतियों का साध्य भी

कला माँगती है धैर्य
राई भी रचनी हो तो पहाड़-सा
अधीर शिल्पी एक सिलबट्टा भी नहीं गढ़ सकता

जब तुमने लिया होगा आकार
पृथ्वी पर कितना धैर्य रहा होगा
अपनी तुच्छ कविताओं और
अर्थहीन गतियों के बीच
निमिष भर को मूँदता हूँ नैन
और निहारते हुए तुम्हें
उन योगियों के बारे में सोचता हूँ
जिनकी साधना भीमबेटका से खजुराहो तक फैली है
और अजंता जो कई सर्गों वाले कई महाकाव्य का घर है

यह अकारण नहीं
कि ठहरे हुए पत्थर भी खींचते हैं मुझे
तुम तो ख़ैर धैर्य का रूपक भी हो और रचना भी!

16

पुराने से नए म्यूज़ियम में जाते वक़्त
यक्षी बुदबुदायी—
कितनी यात्राएँ प्रजापति कितनी
मानस से कथा
कथा से मानस
मानस से अलका
अलका से पिंड
पिंड से मूर्ति
यही क्या कम था
कि पाटलिपुत्र से पटना
और अब यहाँ से भी...
कहाँ प्रभो...कहाँ

कोई बात नहीं
वहाँ भी कट ही जाएँगे दिन
मगर अवलोकितेश्वर और मैत्रेय भी जा रहे हैं नऽ
इतना तो बता दो
थोड़ी शीतलता तो मन को पहुँचाओ
अगर नहीं ले जाए गए तो
कैसे रहूँगी उनके बिना
छेड़ूँगी किसे
झगड़ूँगी किससे

मेरे प्यारे पड़ोसी
ऊँची काठी मधुर कंठ
शाम के सन्नाटे में उनका त्रिपिटक पाठ

निविड़ निशीथ में मेरा यक्षगान
और निद्रालस प्रत्यूष में स्मरण भी तो वही कराते आये हैं
चलो, पुनः बन जाएँ मूर्ति सुबह होनेवाली है!

जब भी तुझे देखता हूँ
मेरी आँखें कजरौटी हो जाती हैं
और दृष्टि काजल सनी उँगली

मन ही मन एक टीका तुम्हारी ठुड्डी पर लगाता हूँ
और अपनी एक दिन मर जाने वाली देह में
फड़फड़ाते मन से तुम्हारी अमरता की कामना करता हूँ
यह जानते हुए कि
मुझसे बहुत कम नश्वर काया तुम्हारी
अपनी कीर्ति के कवच में मुझसे कहीं अधिक सुरक्षित है

हे अर्धदेवि! खंडित देवमूर्तियों से भरे इस देश में
जानता तो यह भी हूँ
कि ऐसे किसी टीके का कोई अर्थ नहीं
मगर कुकृत्यों में बदलती कुदृष्टियों से भरे संसार में
शुभकामना का गला घोंटते भी तो नहीं बनता!

18

अरसे तक यही लगता रहा कि जनरंजिका होगी
मौर्यों की सदी से आया एक गरमागरम ऑर्टेफ़ैक्ट

मगर तुम तो विचित्रा निकली
एक कवि को
कितनी और कैसी-कैसी कामनाओं से भर दिया

कि मेरे होने में अब
एक भटकती कटार-सी शामिल हो तुम
मेरा रक्त रुक-रुक कर बहता है
और कविता में तब्दील हो जाता है!

19

महिमा मूर्ति की नहीं कथाओं की जादुई पोटली की है
जो भंगिमाओं की ओट में छिपी रहती है
चिह्नों और अभिप्रायों के धागों से बँधी

और कथाओं की भी क्या
वे भी तो आती-जाती बनती-बिगड़ती रहती हैं
महिमा तो उस जादू की
जिससे बिंधे मनुष्यों की पंक्ति का न आदि अन्त
और सब अपनी चेतनता के कृष्णपक्ष में विह्वल

यह मेरी नियति कि मेरे विदेहत्व को
वह पोटली दिख गई
जिसमें शिल्पी ने बाँधा था तुम्हारा मन
और असली मानुस तो मानस ही है नऽ विचित्रे
देह का क्या यह तो वही
जिसकी भीड़ के बीच से गुज़रकर तुझे देखने आया था!

20

कृष्ण से मिलने गया
तो कृष्ण नहीं उनकी मूर्ति मिली
शिव से मिलने गया
तो उनके लिंग की प्रस्तर-प्रति
दुर्गा से मिलने गया
तो हथियारों का आतंक
राम के मन्दिर से
सीता और शबरी के बारे में सोचते हुए लौटा
और बुद्ध से मिलने गया तो विहार की भव्यता
और मूर्ति की स्वर्णाभा ने अधिक अभिभूत किया

गरज कि कोई भी ईश अपने ठिकाने पर नहीं मिला

मगर एक मूर्ति देखने क्या गया
अपने भीतर
तुम्हारा जीता-जागता संसार लिए लौटा

ऐसे क्यों है विचित्रे
कि धर्म और कला की जुगलबन्दी में
कला दब-सी जाती है?

21

अगर तुम्हारे होंठों से फूटती मीठी उजास
कैसी भी कला की ऊँचाई है
तो मैं गिरना चाहूँगा
तुम्हारी सम्भावित हँसी के झरने के साथ
कला और जीवन के किनारों के बीच बहना चाहूँगा
और अगर बहते-बहते मिल गया मौर्य-घाट
तो शिल्पी से पूछना चाहूँगा
कि इस शीतल मुस्कान को
वसन्ती ठहाके में बदलने का क्या लोगे मेरे भाई

मैं पुराविद नहीं कि
दीदारगंज को पकड़कर बैठ जाऊँ

कवि हूँ
किसी भी शिशिर के वसन्त
और किसी भी मुस्कान के ठहाके के लिए
कहीं भी जा सकती है मेरी भाषा!

22

अजायबघरों के धूसर गलियारों में खीझ उठने वाले
मैडम टुशाड्स और मॉल के मुरीद भी
तुम्हारी चमक देख रीझ जाते हैं
कन्धे उचकाकर कहते हैं : गुड मेंटेनेन्स
और आगे बढ़ जाते हैं
उन्हें इस बात से क्या लेना
पॉलिश नयी है कि पुरानी
उन्हें पुरातत्त्वविदों के ज्ञान से क्या मतलब
कि यह पॉलिश दो हज़ार साल पहले की है
और उनके सपने में शिल्पी क्यों जाए
यह समझाने कि यह उन हाथों की पॉलिश है
जिनमें कई पीढ़ियों का वास रहा
उन हथेलियों की पॉलिश है
जिनके रंध्रों से पेट का प्यासा अम्ल रिसता रहा
उस असन्तोष की पॉलिश है
जो अपनी सन्तान को सँवारते पिता में होती है
और उस गँवई सन्तोष की भी
जिसे लालच के किसी भी नगर का रास्ता नहीं मालूम

तुझे जब भी देखता हूँ विचित्रे
पॉलिश की चमक और मुखर
उसका रहस्य और गहरा
मगर इस बात से उन्हें क्या लेना
जो तुम्हारे उद्‌गम के कुहरे में भी अशर्फ़ियाँ छिपाते हैं!

23

अगर आ जाए तुझमें इतनी लोच
जितनी मेरी सोच में
और हम बोलते-बतियाते
सचमुच निकल जाएँ बाहर
तो इस जेल के पहरुओं को क्या पता चलेगा

फ़ाइलों की बेड़ियाँ
फ़ाइलों में ही पड़ी रह जाएँगी
और हम गुलाबजामुन-गोलगप्पे के अड्डे पर

यहाँ तक तो ठीक
मगर आगे...आगे क्या होगा

मेरा काम तो चल जाएगा दो-चार से
तुम्हारी भूख का क्या होगा विचित्रे
अगर सचमुच जाग गई

किसकी सामर्थ्य कि मिटा दे
हज़ारों वर्षों की वह भूख जो देह के बाहर है

तुम राजनीति नहीं हो
कि अदालत के निर्णय चबाकर चुप रहोगी कुछ बरस
इतिहास भी नहीं कि
प्रमाणों की प्रतीक्षा में संयम पी-पीकर काट लोगी दिन
कोरी देवी भी नहीं
कि सिर के बदले नारियल से चल जाएगा काम

हे आदिम अन्धकार की काया!
हे सृष्टि के पहले कल्पतरु की छाया!!
तू खाने पर आ जाए तो बचेगा क्या?

24

बाहर निकल पाती अगर
चल पाती थोड़ी दूर
तो थामे तुम्हारा हाथ
दूबों से पटे उस मैदान में ले जाता
जहाँ एक बूढ़ा आदमी
अपनी हत्या के थोड़े ही दिनों बाद से
अपने नाम की ड्यूटी बजा रहा है
जैसे तुम अपने सौन्दर्य के पत्थर में बदल दिए जाने की
पॉलिश से फूटती उजली रोशनी में लीन यह इन्द्रधनुषी छटा
तुम्हारी नहीं तो और किसकी है विचित्रे!

25

बाहर निकल पाती अगर
प्रकाश के पिंजड़े से
लाँघकर किसी फ़ाइल में खिंची लक्ष्मण-रेखा
तो यहीं इन आधुनिक सीढ़ियों पर बैठते थोड़ी देर
दिसम्बर की काँपती हुई धूप में
और तुझसे दरयाफ़्त करते कि कहाँ गए वे यक्ष
जिन पर मेरी धरती के धन की रक्षा का दायित्व था
पूछता क्या वे भी तुम्हारी तरह
कुहरे में डूबी कथाओं से निकले
और पत्थरों में जा बसे
पूछता किसने दिए घाव दिशाओं की देह में
कहाँ गए दिग्पाल
पूछता कि पृथ्वी के सुनहले रक्त के लुटेरों की सूरत
क्यों मिलती कुबेर से

और कई जन्मों की करुणा से धोकर
अपनी जूठी जीभ
पूछता तुझसे कि मंचिते,
कहीं तुम भी अपने यक्ष की प्रतीक्षा में तो पत्थर नहीं?

26

सम्राट भी पृथ्वी के अंश होते हैं
किन्तु चाहते हैं उसके स्वामी हो जाएँ
भंगुर होता है उनका भी होना
किन्तु चाहते हैं अक्षर हो जाएँ

सत्ता के शिष्टाचार अलग होते हैं
अलग होती हैं उसकी आकांक्षाएँ

वे साधारण मनुष्य नहीं
कि केवल मिट्टी के पुतलों को दे जाएँ अपना नाम
वे अपने भीतर के सारे पत्थरों की तरफ़ से
पुकारते हैं पत्थरों को
और पत्थर तराशने वालों को

जब तक उनका साम्राज्य
कई पत्थर उनके नाम से जाने जाते हैं
किन्तु जब कुछ भी नहीं बचता
वे जाने जाते हैं उन्हीं पत्थरों के नाम से

मुर्दा सूचनाएँ उन्हें एक हद तक जीवित रखती हैं
मगर मनुष्य की तरह नहीं
सीढ़ियों की तरह
जिन पर सत्ता के नए सौदागर
अवसर के जूते पहने चढ़ते हैं खटाक-खटाक

इतिहास के बियाबान में गूँजता है
आज का अहंकार
और कल के सम्राटों के नाम बेहद अकेले हो जाते हैं

और एक तुम हो
कि होने में तुम्हारे उस शिल्पी का भी होना
जिसने काया पर तुम्हारे अपना नाम तक नहीं खोदा
इतना भी पता नहीं चलता
कि तुम अपने आकारों की आभा हो
या उसकी आभा का आकार

जब भी तुम्हें देखता हूँ विचित्रे
मेरे वक्ष में शिल्पी का हृदय धड़क उठता है!

27

पानी में कब तक झाँकोगे नारसिसस
कब ठंडी होगी स्वयं को भोगने की आग
कितनी मछलियाँ आईं
और तुम्हारे प्रतिबिम्ब को पानी में घोल गईं
और तुमने हर बार पानी के ठहरने का इन्तज़ार किया
जैसे वे लोग जो देर तक दर्पण देखते हैं
और सबसे सुन्दर स्वयं के बाहर निकल आने का इन्तज़ार करते हैं

प्यारे नारसिसस
प्यार हर कोई करता है स्वयं से
मगर इतना भी नहीं
कि निहारते-निहारते आँखें पत्थर हो जाएँ
और लहू बर्फ़
मैंने भी किया था प्यार
नहीं करता तो कैसे देखता कि
मेरे हृदय की काँपती मूर्ति
सामने पड़ी शिला के भीतर कुलबुला रही है!

28

प्रतीक्षा तो थी
पर्वत को परख वालों की
शिला को शिल्पी की
शिल्पी को लौ की
और मुझे उस पल की
जब कोई मूर्ति शब्दों में ढलने को पिघल जाती है!

29

कोई न कोई देह ज़रूर होती हैं
जिनसे बावस्ता होती हैं वे चीज़ें
जो विदेह जान पड़ती हैं

जैसे आकाश
पृथ्वी और उसके परिवार वालों का
आँगन है मैदान है परिधान है
जैसे हिमालय और आल्प्स किरणों की पगड़ियों के शीश हैं
जैसे ताजमहल चाँदनी के जादू का आईना है
जैसे पीपल के पत्ते हवा के हल्के झोंकों के कम्पास हैं
जैसे हमारे जगे दिमाग़
ईश्वर के होने और न होने के ठिकाने हैं
और जैसे नींद
स्वप्न के कैटवॉक, मोहिनीअट्टम या तांडव का
आबनूसी रैम्प है
और यक्षी, तुम ही कौन-सी देह लेकर पैदा हुई थीं
मगर शिल्पियों और कवियों ने
अपनी कामनाओं की मिट्टी से ऐसा रचा
कि एक को पुकारो
तो क्या ख़ुदा और क्या सनम दोनों हाज़िर!

30

मुझे पता है
कि तुम्हारे कान और प्राण दोनों पत्थर के हैं
फिर भी तुझे पुकारता हूँ
और मेरी लौटती आवाज़ों में लौटता है
वह समय जब कोई वेद नहीं था
अनिश्चितताएँ थीं अनन्त और अबूझ
और कोरे मनुष्य
जिनके मूलाधार और सहस्रार के तड़ित विसर्जन के बीच
हृदय की तरह पैदा हुई तुम
और छत्तीस छवियाँ तुम्हारी
और तुम्हारे सहचर
जो पृथ्वी और दिशाओं के पहरे पर
भेज दिए गए सादर

यह कथा तुझे जानने की कोशिश में
अपने भीतर छायाओं की तरह डोलते
हज़ारों सालों के वन में खो जाने की है!

31

जिसकी देह से झरते थे अन्न
वे उस पृथ्वी को जानते थे
जिसकी करुणा से तृप्त उनके प्राण
उन जलाशयों को जानते थे
जिनका खिलना और मिलना
उनका पहला और अन्तिम श्रृंगार
उन फूलों को जानते थे
जिन्हें चखने और चूसने भर से जी उठते थे वे
उन फलों को जानते थे

वे जानते थे
पृथ्वी के गर्भ में और भी बहुत कुछ है
जिसके बारे में वे कुछ नहीं जानते

वे सृष्टि की साँस को जानते थे
आँच और उजास को जानते थे
आकाश को नहीं
मगर वर्षा और शम्पा और उल्का को जानते थे

यह मैं नहीं उनके आराध्य कहते हैं
जो प्रकृति के तत्त्वों से बने
और प्रकृति की सम्पदा
और घेरती दिशाओं की रक्षा के लिए नियुक्त हुए!

32

मूर्ति तो अब भी वहीं है
अपने आधार पर अडिग
फिर डिगा क्या
क्या था जो उड़ा अदृश्य

और मुझमें उतर गया
थिर क्यों नहीं अगर मूर्ति है
चस्पां क्यों नहीं अगर चित्र है
कील भी ठुकती तो मान लेता
प्रभाव गहरा पड़ा है

किन्तु यह कुछ और है
एक गुदगुदी
जैसे मंथर गति निर्जन नाव डोलती हो
एक सरसराहट
जैसे कोई साँप रेंगता हो
और रह-रहकर एक खलबली
जैसे कोई मछली अकेली बेचैन

कोई जीव तो ज़रूर है
जो मेरे जल में डूबता-उतराता साँसें ले रहा है
ये बुलबुले उसी के उच्छ्वास हैं
जो प्रश्नवाचक चिह्न की शक्ल में उभरते हैं
और फूटकर मेरे आकाश को आन्दोलित कर देते हैं

ये कैसी आवाज़ें हैं
जिन्हें पहली बार सुन रहा हूँ
एक बिलकुल नयी भाषा
जिसे मैं जानता तक नहीं
मगर ऐसा क्यों है
कि उसे अपनी भाषा में कुछ–कुछ समझने लग गया हूँ!

33

कल्पना अन्तरिक्ष है नक्षत्र झूले
मैं एक से दूसरे पर लगाता हूँ छलाँग
और झूलता रहता हूँ कई युगों तक

एक दिन सृष्टि के सबसे कोमल गद्दे पर कूद जाता हूँ
हाय! इसे कहते हैं सुख
कितना निर्मल कितना कोमल कितना शीतल
मेघों के बीच ही रहना चाहिए

मेरी इच्छाएँ धधक उठती हैं
और मैं सृष्टि के सारे मेघों का स्वामित्व सोचता हूँ
सोचता हूँ एक सभा जो मेरे बाएँ हाथ का खेल हो
सोचता हूँ कि सारा ज्ञान
अपनी उलझी जटाएँ लिए इसी सभा में विराजे और देखे
—कैसे हवा में टँगी पानी की एक बूँद
अप्सरा बनकर मेरी हथेली पर बसी सभा में नाचती है

कल्पना के अनन्त में क्या नहीं

मैं सोचता हूँ और अलकापुरी बस जाती है
यक्षों और यक्षियों का लोक
और त्रिकाल की सारी सम्पदा का रक्षक कुबेर
ये यक्ष कुछ भी कर सकते हैं
अगर तुम उन्हें आवाहित करो
मैं उन्हें सृष्टि के सारे द्वार और सब जलाशयों पर भेजता हूँ
कि पुकारूँ और मेरे प्राण के दीप को

अपनी हथेलियों से घेर लें
कि उन्हें पुकारूँ और मेरी कथा के मार्ग में
प्रश्न की तरह आएँ
और रहस्य के रोड़े रख दें

मैं सोचता हूँ और यक्षियाँ
स्त्री की देह और सज्जा
और चँवर धारण कर लेती हैं
मैं अपने सिरहाने सुगन्धित हवा की तरह
उनका होना महसूस करता रहता हूँ

और जब कभी सचमुच बन जाता हूँ सम्राट
तो स्त्रियों को इसी भूमिका में नियुक्त करता हूँ

और हे दीदारगंज की प्रस्तर प्रतिमा
युगों बाद पटना के इस अजायबघर में
तुम्हें देखते हुए सोचता हूँ
कि अगर किसी स्त्री ने बसाया होता इन्द्रलोक
या अलकापुरी
तो क्या तब भी तुम ऐसी ही दिखती
पीन पयोधरा पृथुल नितम्बिनी अलंकार-वस्त्रा!

34

यक्षियाँ क्षितिज से आती हैं
उड़कर पार करती हैं पर्वत
सगरमाथा देखता है उन्हें
और हिम-भरे टीले सा हँस पड़ता है

वे गुफ़ाओं के पार की गुफ़ाओं से आती हैं
और किरणों की नाव और शाम की लम्बी छाँव की तरह
पार करती हैं तिस्ता और ब्रह्मपुत्र

वे वनों के अन्तर से आती हैं
और हवाओं की तरह सरसराती हुईं निकल जाती हैं
बाजरे और अरहर की आदमक़द फ़सलों के बीच

किन्तु वे गाँव के भीतर नहीं आतीं
सिवान पर ही लचकती डालियों के दुपट्टों-सी डोलती रहती हैं!

35

उबलते सागरों से नरम-नरम बादलों की तरह
उठती है तुम्हारी कथा
दस दिग्पालों की दीठ
और उड़नछू यक्षों की गश्त के बीच
और बर्फ़ीली आँधियों के पार
घने कुहरे में तैरती
रत्नों से जगमग और फूलों से महमह
एक नगरी में उतरती है

और मेरी तो माटी की देह
उछल तो सकती है उड़ नहीं सकती
उड़ो तो धड़ाम कि धरती एक चुम्बक है
और उड़ूँ भी तो कितनी देर
माटी की देह माटी के बग़ैर जी भी तो नहीं सकती

मैं तुम्हारी कथा में नहीं जा सकता
तो क्या हुआ
तुम तो आ सकती हो मेरी कविता में
जैसे आम के पेड़ में आती है ऋतु
और डालें मँजरा जाती हैं
जैसे आकाश के हृदय में आते हैं बादल
और उम्मीदें हरी हो जाती हैं

तुम तो आ सकती हो विचित्रे
मेरी पुकार के पथ पर चलती शब्द-शब्द
अर्थों के आकाश में भरती उड़ान

बिम्बों की चोंच में दबी एक बेहद गहरी बात-सी

तुम तो आ सकती हो
जैसे आती हैं ठंडी हवाएँ
उन सरहदों के पार से
जो मेरी ज़िन्दगी के रास्ते में कभी नहीं पड़ेंगी
जैसे अदेखे जंगल से आते हैं सेमल के फ़ाहे
जैसे शाम के धुँधलके में आता है
उड़ता कोई जहाज़ और गुज़र जाता है
अपने होने और रफ़्तार की लकीर खींचते हुए!

36

जहाँ मैं हूँ वहाँ से तुम्हारी ओर जाते हुए
पहले कर्मकांड मिलते हैं
फिर भक्ति उसके आगे पुराण
और अन्त में वेद
और सबके साथ ढेर सारी दिव्यता और आतंक

मगर तुम्हारे लोक में पहुँचकर
कुछ भी नहीं डँसता
न दिव्यता न आतंक
न भय न संकोच
तुम आकर कन्धे पर हाथ भी रख दो
तब भी नहीं
बस एक इत्मीनान कि एक सहचरी है
जो प्रकृति को मुझसे अधिक जानती है
उड़ सकती है हवा में यंत्रों के बग़ैर
और पुकारूँगा तो आ जाएगी पृथ्वी पर
और सबसे सुन्दर बात तो यह
कि कोई भी हथियार नहीं रखती!

37

तुम्हें देखता हूँ तो अपने पुराने दिन याद आते हैं
बहुत पुराने एकदा नैमिषरण्ये से भी पहले वाले

जैसा आज हूँ उन दिनों मैं ऐसा नहीं था
इस कवि के जैसा तो बिलकुल नहीं
शायद उस शिलखंड-सा
जिसकी तराश के बाद तुम
और कई अन्य मूर्तियाँ प्रकट हुईं
मेरे भीतर भी कितना कुछ था
कैसी-कैसी छवियाँ कितने काव्य
कितने प्रेम और कितने युद्ध
मगर यह रहस्य तब कहाँ पता था

कहाँ पता था कि मैं उस प्रकृति से अभिन्न हूँ
जो मुझे हर पल विस्मित करती है
और स्नायु-स्नायु में अचरज की बिजली दौड़ा देती है

कितनी चीज़ें असम्भव थीं तब
ज़्यादातर इच्छाएँ रुआँसी होकर रह जातीं
और विनम्र स्वीकार के बटुए में बन्द बिसूरती रहतीं

उन्हें कितना कुछ समझाकर चुप रहना सिखाता
काँटों से कहता
समझाओ फूल डालों पर ही अच्छे लगते हैं
वृक्षों से कहता
समझाओ ठहराव ज़रूरी है

हाथी से कहता
समझाओ हर प्राणी हिरण नहीं हो सकता
और हिरणों से कहता
समझाओ दौड़ना उड़ने से तनिक भी कम नहीं

मगर इच्छाएँ कभी मरतीं नहीं
विस्मृति की शिला फाड़कर अंकुरित होती हैं
और पूरी होने पर आ जाएँ तो
निर्वात में भी
परियाँ, पहरुए, कल्पतरु और देवता रच लेती हैं!

38

जब तुझे देखता हूँ
तो पर्वत नहीं झरना नहीं
छोटा या बड़ा जलाशय भी नहीं
वे धाराएँ याद आती हैं जो पृथ्वी के भीतर
पथराये दुखों जैसे कंकड़ों के बीच
निविड़ अन्धकार में बहती हैं चुपचाप
और वह ऊष्मा याद आती है
जिसके कारण
बेहद सँकरी धाराओं में भी लहरें उठती हैं
और काली मिट्टी भाप से पसीज उठती है

तुम उसी गर्म और गीले अन्तर्युग की सृष्टि हो सुभगे
जब मेरा मन
असम्भव के अन्धकार में
सम्भावना की चाँदनी को पुकारता था
और अज्ञात देशों की ओर खुलती दिशाओं के द्वार पर
जुगनुओं की तरह उड़ती दीपमालाएँ देखना चाहता था
जानना चाहता था कि
अलंघ्य पर्वतों के पार क्या है
क्या है सागर के क्रुद्ध जल में
अन्न, पुष्प और फल बाँटती पृथ्वी के अन्तस्तल में क्या है

तुम्हारा आना विश्व की पहली कविता का आना था
विश्व के पहले चित्र और छायाचित्र का भी
जिसे सिर्फ़ ध्यान में देखा जा सकता था
प्रस्तर-भाषा में अनुवाद तो बहुत बाद की बात है!

39

मेरे विश्वास की आदि-वेदिका पर
तुम्हारा ही आसन था कभी
मगर मेरे असन्तोष और लालच ने
चमकीली छवियों के कई लोक बसा दिए

और क्या है विचित्र
कि जैसे तुम्हें सोचते-सोचते
अलकापुरी और कुबेर सोच गया
वैसे ही बहुत कुछ
वेद उपनिषद पुराण
दर्शन न्याय मीमांसा शासन के तंत्र
दमन के सिद्धान्त मुक्ति के मार्ग

और कोई भी मुक्ति कब अन्तिम
कि सब की सब किसी न किसी तंत्र लुप्त

ऋत को साधने की कोशिश में
हाय! अनृत ही रचता रहा!

समय के आकाश को तकता रहता हूँ
जहाँ छवि-मंडित विश्वासों की अनगिन वेदिकाएँ
उड़नतश्तरियों की तरह नाच रही हैं

उछलकर किसी एक को थामता हूँ
और आँखें मूँदकर बाक़ियों को कहता हूँ
—अंध विश्वास

सब सुनते हैं और बुरा मान जाते हैं
किन्तु ओ मेरी आत्मा के पैरों के नीचे की घास
बस एक तुम्हीं हो जो अपनी नरमी नहीं छोड़ती!

40

पत्थर जैसे लोगों से भरे संसार में
पत्थर की एक मूर्ति को मनुष्य की तरह पुकारना
कलाप्रेम का ढोंग नहीं है

विचारों की सदी को
केंचुल की तरह छोड़कर
मांस की लता सी बल खाती सदी में
सौन्दर्य के दो हज़ार साल पुराने मानदंडों की तरफ़ मुड़ना
विकृति या विलासिता नहीं है

तेज़ धूप और उजाड़ होते जंगलों में
अब भी मौजूद आदिमता के देस में
एक यक्षी को पुकारना पीठ में आँखें उगाना नहीं है

यह तो बस
आधुनिक गुफ़ाओं की आग से झुलसी जिज्ञासा की व्यग्रता है
जो पुराने सतघरवा के दुआर पर खड़ी
इस चँवरधारिणी के साथ
आदिम गुफ़ाओं की ठंडक के रहस्य जानना चाहती है!

41

जैसे बचपन के घरौंदे
परियों को पुकारते हैं
और भींगतीं मसें वसन्त को
जैसे स्याही छोड़ते बाल
खेत-खलिहान, दफ़्तर, शेयर बाज़ार को पुकारते हैं
और देह के टूटते क़िले ईश्वर को

वैसे ही मेरी जिज्ञासा
उन कथाओं को पुकारती है
जहाँ एक ही क्यारी में
भीषण रक्तपात जघन्य अपराध
अनिवार्य प्रेम और कविता
सबकी जड़ें नहाती-खाती हैं!

42

तुम्हारी मूर्ति को निहारते हुए सोचता हूँ
कि क्या तुम वही हो
जो मेरी पातालगंगा से
किरणों की पतंग की तरह बाहर आई थी
अगर हाँ तो मेरी प्यारी जादूगरनी
बदल जाओ न एक नाव में
किरणोंवाली नाव
जिसके चमकदार चप्पुओं की रोशनी में
देखूँ कि मेरी पातालगंगा आती कहाँ से है

क्या है उसके भीतर
दिखा दो न
एक पारदर्शी पनडुब्बी में बदलकर
मैं थाहना चाहता हूँ
अपने होने की अतलता!

43

कभी तू मेरी पातालगंगा से
पतंग की तरह बाहर आई थी
और भाषा में कुछ नामों की टोपियाँ पहन बस गई थी
वे नाम इतने कम थे कि मूर्ख भी याद रख सकें
मगर आहिस्ता-आहिस्ता जाने कैसे
वे गाही से कोरी और सैकड़ा
होते हुए तैंतीस कोटि तक जा पहुँचे
और ज्ञान के बनियों की पूँजी हो गए

एक दुकान में इतने नाम कैसे बिक सकते थे
सो नामों के हिसाब से दुकानें भी खुल गईं
हर दुकान में कुछ नाम
काग़ज़ की नावों पर लिख दिए गए
और बेचनेवाले समझाने लगे
कि यही नाव भवसागर के पार उतारेगी

काग़ज़ की ये नावें तब भी झूठी थीं
और आज भी
मगर ये नाम झूठे नहीं रहे
ये आते गए और स्मृतियों में समाते गए
और अब हमारी सभ्यता के स्थायी नागरिक हैं
हो तो तुम भी
मगर तुम्हारे लिए कोई मन्दिर नहीं
कोई आसन नहीं
तुम्हें महाकाव्यात्मक महानगरों की उपेक्षित गलियों में
क्षुद्र छायाओं की तरह छुछुआने को छोड़ दिया गया है

जब भी आता है तुम्हारा ध्यान
ईश्वर और उसके व्यासों की न्यायप्रियता पर सन्देह
गहरा होने लग जाता है!

44

एक आदिम छाया की उँगली थामे
कहीं जा सकता है कोई
वस्तुओं के भीतर
बादलों के पार
कहीं भी
मगर कथा के भीतर ही
कि कथा के बाहर कोई गन्धमादन पर्वत नहीं
न आकाश में कोई नल
और अलकापुरी में सिर्फ़ ख़ुशबुओं की खेती होती है!

45

जो पृथ्वी के मातृत्व
और मेघों के स्वभाव को जानते हैं
जिन्हें विश्वास कि सूर्य कभी धोखा नहीं देगा
जो चाँदनी रात में दीप जलाए बिना
कर सकते हैं जीवन के सारे काम
जिनके लेखे लाभ और हानि मामूली घटनाएँ
जिनके संसार में न लोभ की मंडियाँ
न सन्तोष की पाठशालाएँ
और जिन्हें मृत्यु की नित्यता स्वीकार
उन्हें किसी सर्वशक्तिमान की आवश्यकता क्यों हो

अनिश्चित यात्रा में कुछ अन्तरंग परछाइयाँ हों
यही बहुत है!

46

मिथक हो कि इतिहास
मूर्ति हो कि कविता
चुम्बक की लहर-सी यक्षिणी हो
कि पित्त-कफ-वायु के विकार से
ग्रस्त हो सकने वाली कोई स्त्री
जानने से ज़्यादा समझना ज़रूरी है भाई
जानने वालों ने बड़े खेल खेले हैं
उनसे कहीं अच्छे वे जिन्हें आप अज्ञानी कहते हैं

वैसे संकट न जानने के भी हैं
नदी या समुद्र में उतरो न उतरो
बारिश से कौन बच सकता है
ख़ासकर उस सदी में
जो एक छलनी आसमान ओढ़कर आई है

मगर जाननेवालों के उत्पात बहुत हैं
सोचता हूँ तो बड़ा डर लगता है
क्योंकि वे दुनिया की किसी भी गाड़ी की
चाबी बना सकते हैं
और अज्ञानी उस पर बैठकर चल देते हैं
यह तो समझनेवालों की गीली पुकारें हैं
उनकी सदिच्छाओं के स्वर हैं
कि लोग पेड़ों के बीच से गुज़रते कच्चे रास्तों की गन्ध
और छाँव से अजनबी नहीं

समझना जानने से कम कठिन है
मैं तो कहूँगा बहुत आसान
कि यह काम और कुछ करते हुए भी होता चलता है
बस मन ज़रा भींगा-भींगा हो
कि सूचनाएँ समायें तो पुँछ जाएँ सारे पूर्वग्रह

मैं कितना मिथक जानता हूँ और कितना इतिहास
मूर्ति कला के बारे में भी कितना ज्ञान है
और हे एक मूर्ति की आभा की परछाईं
उर्फ़ विचित्रे तुम्हें भी कितना जानता हूँ
मगर कोस और काल के आर-पार
तुमसे बातें करता चल रहा हूँ!

47

अपनी ही कामनाओं की तपिश से उपजे मेघों में
किसका महल देखते हो प्राणी
वहाँ कोई नहीं रहता
किन्हें पुकारते हो तुम
ये तो वही पनीली और हवाई छवियाँ हैं
जिन्हें तुमने अपनी चेतना के नीम अँधेरे में गढ़ा था

और ये भी तुम्हारी ही कामनाएँ हैं
जो तुम्हें अपार संसार को पाने के लिए दौड़ाती रहती हैं
इन अमरलताओं को इस बात की क्या परवाह
कि वे एक हार सकने वाले हृदय
और मर जाने वाली देह को चाबुक मार रही हैं

पराजय के उजाड़ में समझाती भी यही हैं
कि वे महान छवियाँ साथ हैं तो जय
और तुम उन्हें पुकारने लग जाते हो

फुसफुसाहट तुम्हारे ही पाताल से उठती है
आकाश से कोई वाणी नहीं आती
फिर भी सुनते हो तुम
और अपनी मंत्रमुग्धता की गली में
अपना विवेक कन्दुक-सा फेंक देते हो
कामनाएँ खेलती रहती हैं
और उनके पैरों की ठोकरों की छाप पड़ती रहती है

क्या मैं कुछ ग़लत कहता हूँ विचित्रे
तुम तो जानती हो
कि अलकापुरी और स्वर्ग
एक चल निकले खोटे सिक्के के दो पहलू भर हैं
तुम्हीं समझाओ भक्तों की इस भीड़ को
कि जिसे वे किसी काल का आँखों देखा हाल माने बैठे हैं
सब की सब कविताएँ हैं
कुछ अच्छी और कुछ बुरी!

48

थोड़ी सुरक्षा थोड़ा रहस्य-भेद
थोड़ी सी कृपा थोड़ा कल्याण
यही तो बस
माँगने निकले थे
वे भोले मनुष्य
स्वप्नों में जिनके
तुम और तुम्हारे छायालोक ने लिया था आकार

मगर उसके बाद
हर छवि की कथा
कथा ऊपर कथा
और एक-एक कथा में छवियों से भरे कई कई लोक

पीछे की राजनीति जो भी हो
दावा तो यही कि मानव हो समर्थ
जीवन हो सरल
कोई एक साधो तो सध जाएँ सब

किन्तु सरल को और सरल करने की कोशिश
कितनी कठिनाइयाँ पैदा कर सकती है
बेचारे धर्ममार्गी से पूछो
झुको तो मुश्किल लड़ो तो झंझट
कथाओं के बोझ से आत्मा कराहती है

विकट स्थिति है विचित्रे
क्या ऐसा नहीं हो सकता

कि एक ही आकाश में
मेरे जादू से उड़ें विमान
और तुम्हारे जादू से बादल
और शेष सारी छवियाँ रहें मूक दर्शक
उन तारों की तरह
जिनका जगत व्यापार में कोई हस्तक्षेप नहीं!

49

अमरता आकाश है
सर्वज्ञता सपाट मरुभूमि
देवताओं के बारे में सोचते हुए दु:ख होता है
किन्तु प्रसन्न हो जाता हूँ उन्हें पत्थर-शेष देखकर
कि उनके होने का सबसे सही रूपक शायद यही है

मगर ग्लानि होती है
कि हम तुम्हें हवा और पानी से नहीं बना पाए
न फूलों की सुगन्ध से
लताओं की लचक
किसलयों की कच्ची हरियाली
हंसिनी की चाल कोई कल-गान
क्या दे सके तुम्हारे ध्यान को कुछ भी तो नहीं

निसर्ग-तत्त्वों से ऐसी कोई यष्टि रच पाते
चल और सजल
जिसकी ठंडी छाहों और तुहिन-फुहारों के बीच
पलतीं पीढ़ियाँ हमारी
तो पत्थरों से बने देव-देश में क्यों फँसती
मिट्टी की गाड़ी
यूँ न पथराते हम
अगर पत्थरों को प्रभु और प्रभु को पत्थर नहीं मानते
न पूजते नियमित इतनी आशा से
न भजते पुन: पुन: इतनी विह्वलता से
न रटते इतने देशों और इतनी भाषाओं में
कि कोमल है करुण है कृपालु है वत्सल है प्रभु

हे निसर्ग-काया
तू ही बस होती अगर
अपने बूते जाते हम जीवन और जगत के जंगल में
निष्कवच निरपेक्ष
और मार्ग नहीं मिलता तो हौले से पूछता
हंसी, कैसे पार करूँ यह रात जैसा जंगल
जंगल जैसी रात में
उत्तर मिलता तो ठीक नहीं तो प्रतीक्षा करता
कि कब हो सुबह मेरे भीतर और बाहर!

50

मेरे मटमैलेपन पर मत जाना
न मेरे ताल के पाँक भरे तल पर

सतह पर पसरी जलकुम्भियों पर भी नहीं
नसों की तरह फैले-उलझे शैवालों से क्या घबराना
मन्दिरों के बासी फूलों की बू से क्या लेना तुझे
हवन की राख भी बैठ ही जाती है आख़िर
फिर मैं तुम्हारी आकाशगंगा से बहुत दूर भी तो हूँ

मेरे सारे काले पल मुझी में अस्त होंगे विचित्रे
और मेरा जल तुम्हारी छवि को अछूता विदा करेगा!

51

लिखते-लिखते एक दिन अचानक ख़याल आता है
कि गठन जिसकी ऐसी ग्रीवा ऐसी सुडौल
कैसे बोलती होगी वह
कैसी होगी उसकी आवाज़

सुरीली तो अवश्य
पर पता नहीं
वीणा कि रबाब
सारंगी कि सितार
कि मन के मृदंग की गहरी धमक
कि सृष्टि की नाभि से उठती हुई
तबले के दाएँ की पुकार
कि वक्ष की आँधियों से आह्लादित
बाएँ का बम-बम

कैसी होगी उसकी आवाज़
सोचता हूँ दो कविताओं के बीच
और एक दिन चेतना की गोधूलि से पुकारता हूँ

उत्तर स्वप्न में मिलता है
मदिर आवेग से उच्छल एक मीठी आवाज़
जैसे रबाब की साँसों में तबले की धड़कनें
उलझ-सी गई हों!

52

मैं तुम्हें सोचते हुए सोता तो नहीं
न तुम्हारी छवि के स्वप्न ही आते हैं
मगर कैसे जादुई दिन हैं ये
कि सुदूर अतीत के आदि सागर में
एक छोटी-सी लहर उठती है
और मेरी नींद के द्वार पर
चाँद की प्याली में
धूप-सी गर्म चाय रखकर चली जाती है!

53

यक्षी क्या है कौन है कहाँ की है
यह मुझसे नहीं
दुनिया के सारे देशों की जलवायु में पले
हज़ार चेहरों वाले उस नायक से पूछो
जो दुनिया की सारी भाषाओं में सोया है

पूछो उसे जगाकर
कि वह क्या है कौन है कहाँ की है
जो तुम्हारे सारे अभियानों में
सबसे मुश्किल मोड़ पर काम आई
जिसकी दृष्टि ने बन्द सुरंग में दरार बनायी
और तुम सृष्टि के सबसे सुन्दर उद्यान में पहुँच गए
जिसके जूड़े का फूल उड़नतश्तरी में बदला
और तुम विष का सागर लाँघ गए
जिसकी स्वर्णछड़ी लहरायी
और तुम्हारे आगे छप्पन भोग सज गए
जिसका आँचल उड़ा
और तुम्हारा रैन बसेरा बन गया
जिसके एक स्पर्श ने हर ली तुम्हारी थकान
उसके बारे में तुम्हारे सिवा और कौन बता सकता है

पूछो कि उसके जादू के सिवा
मनुष्य और हज़ार चेहरों वाले नायक में क्या अन्तर है

जादू है तो उम्मीद है कि अक्षौहिणी भर सेना से
अकेला लड़ता नायक जीत जाएगा

जादू है तो उम्मीद है कि सारे मेंढक
ख़ुशियों के पंछी में बदल जाएँगे
जादू है तो उम्मीद है कि जादू हो सकता है!

54

स्वप्न तो नहीं था
समाधि कभी लगी नहीं
ध्यान ही रहा होगा गहरा ध्यान
जो मेले के शोर और भीड़ में
भंगिमाओं की निधियाँ
और कविता की पंक्तियाँ चुनने-बटोरने लायक बनाता है

ध्यान ही रहा होगा
कि मैं वहाँ था जहाँ कभी गया नहीं

वह बोलते हुए पत्थरों का देश था
पहाड़ों की चोटियाँ गा रही थीं
और नदी हर आने-जानेवाले को
पूछ-पूछकर पानी पिला रही थी
हवा सबको सहला रही थी
और बादल सबकी आँखों और पाँखों की धूल
इतनी कोमलता से पोंछ रहे थे
कि किसी को भान तक नहीं

गुफ़ाएँ माँ की गोद की तरह
सबके लिए उत्सुक और आतुर थीं
लताओं और झाड़ियों के बने मंडप
प्रिया के आमंत्रण की तरह सज्जित और सुवासित
और तितलियाँ और भौंरे एक दूसरे को
उद्यानों का पता बता रहे थे

मुझे भौंचक्का जान एक पंछी मेरे कन्धे पर आ बैठा
पूछा—किसे ढूँढ़ते हो पांथ
मार्ग तो नहीं भटक गए
मेरी दृष्टि अचरज के आलोक में डूब गई
आगे मूर्च्छा थी या समाधि
कि तभी रबाब की साँसों में उलझीं
तबले की धड़कनें गूँज उठीं

यह विचित्रा थी

मैंने पूछा—यह तुम्हारा लोक है
इतना सरल इतना सुहृद इतना निष्पाप
यह कौन-सा युग है विचित्रे

वह मुस्कुराकर बोली—
जब कवि नहीं होते थे

मुझे बुरा लगा—यानी ?
वह बोली—यानी जब भाषा नहीं थी
—लेकिन यहाँ तो सब बोल रहे हैं
—नहीं, तुम सुन रहे हो
जैसे अपने भीतर चुपचाप सम्भव होती
कविताएँ सुनते हो
और काग़ज़ पर छापकर कवि बने फिरते हो

—लेकिन तुम कहाँ हो विचित्रे
दिखती क्यों नहीं
—मैं भी वहीं जहाँ से तुम्हारी कविताएँ आती हैं
—वहाँ तो बहुत कुछ है
—जैसे ?
—धर्म, ईश्वर, संसार और उसके व्यापार
कविताओं के लिए कितनी जगह

और तुम तो अब मिली हो

—मैं तो सदा से तुम्हारे भीतर
तुम्हारी कामना और भय की पहली सन्तान
धर्म और ईश्वर मुझसे बहुत छोटे हैं कवि
मैं इनके आख्यान और मन्दिर की पहली प्रस्तावना
और मेरा यक्ष पहला प्रहरी
शेष तो शब्द-विलास
जो कामनाओं की आँच में पककर पत्थर हो गए
क्या धर्म और क्या ईश्वर
सब शब्द और भाषा के खेल हैं कवि

—लेकिन धर्म ही तो समाज और सत्ता का भी नियामक
—धर्म और सत्ता आदिपुरुषों की क्रीड़ाएँ हैं कवि
जिसके हाथ में दंड वह सत्तावान
और जिसकी बुद्धि प्रचंड वह धर्माधिकारी

—और वही धर्माधिकारी तुम्हें और तुम्हारे यक्ष को अनिष्टकारी बताते हैं

—ठीक ही तो करते हैं कवि
मुझे पुकारने वाली
भोली आत्माओं की भाषापूर्व की पीढ़ियाँ
तो कब की माटी
जैसे मन्दिरों की नींव में मेरी कथा
कुछ मनगुनियों और कवियों के सिवा
कौन आता है इस सीलन भरे अँधेरे में
नगाड़े नींव में नहीं बजते
और न ही एकान्त में गाल
देखो, कितनी भीड़ है उधर और कितना शोर
धर्म की जाने कितनी दुंदुभियाँ
ईश्वर के जाने कितने नाम कितनी मुद्राएँ
कितनी भाषाओं में कितने मंत्र

कितनी प्रार्थनाएँ कितने जयकारे
और हंगामें में कौन किसकी निन्दा सुनता है बुद्धू
आओ भाषा के सारे वस्त्रालंकार उतार दो
उतर जाओ चुपचाप इस सीलन भरे अँधेरे में
कितनी शान्ति है जैसे स्वप्नहीन नींद!

अलकापुरी भले कुबेर की हो
रामगिरि अब भी कालिदास का है

55

वह नहीं चाहता
कि सरोवर का जल सूख जाए
और मिट्टी और धूल का पहरुआ रहे

यह भी नहीं
कि सरोवर में जल भरा रहे और
उलटे-सीधे सवाल पूछकर लोगों को प्यासा मार दे

और ऐसा भी नहीं कि
उसे अपने प्रश्नों के उत्तर नहीं पता

लेकिन
पानी को पहचानना
और पानी माँगना भी तो आना चाहिए न भले लोगो!

56

वे अकेले लोग
जो मॉरिशस गए थे
या क़तर और कैलिफ़ोर्निया जाते हैं
रामगिरि उन सबकी तड़प का घर है

अलंघ्यता सिर्फ़ शाप और दूरी की नहीं
लालच और ज़रूरत की भी होती है
और चाहे जिस विधि व्यापे विरह की अग्नि
जलाती तो है ही न विचित्रे

यह तुम्हारी और तुम्हारे यक्ष की ही विवशता है
जो नए और सम्मानित शब्दों की ओट से
हमारे समय के नायक-नायिकाओं का आखेट करती है

रामगिरि से बेवरली हिल्स तक आते-आते
कितने युग बीते कुछ नहीं बदला
शाप के अवसर और विरह के गणित
अब भी कुबेर के हाथ
अन्तर बस इतना
कि अब कोई कालिदास नहीं
कि विरह की जली आत्मा पर मेघ के गीले फ़ाहे रख दे!

57

मुझमें इतनी प्रतिभा नहीं न इतना धैर्य
और न ही इतना विराट अभ्यास
कि सम्भव हो एक महाकाव्य

तुम्हारी आधी–अधूरी कथा में
वह धीरोदात्त नायक भी तो नहीं
जो किसी भी महाकाव्य की पहली शर्त है

और फिर वे छन्द जिनकी सारी शालाएँ
कब की हो चुकीं बन्द
जैसे लिखता हूँ वैसे लिखूँ एक बड़ी कथा
तो जीवित नहीं छोड़ेंगे
शास्त्र और व्याकरण के मठाधीश

कालिदास भी नहीं मैं
कि अपने किसी प्रेम की पीड़ा
तुम्हारे अनन्त में प्रक्षेपित कर सकूँ
फिर वैसा प्रेम भी तो चाहिए
और वह पीड़ा भी

युग भी अब ऐसा नहीं विचित्रे
अब तो लोग एक श्लोक एक दोहा एक सोरठा
याद करना भी अपने समय का अपव्यय समझते हैं!

58

जिनके काल में
कल्पित हुई तुम
और तुम्हारी प्रजाति
और तुम्हारे राजा कुबेर
वह जाने कब था

किन्तु यक्षों और यक्षियों से भरा एक नगर
मेरे नैश नेपथ्य में आज भी
किसी पुकार की प्रतीक्षा में अचल है

कामनाएँ क्रीड़ा करती हैं
और अलकापुरी से उठता है तिलक कामोद
कामनाएँ कराहती हैं और काँपता है विहाग
कामनाएँ नि:शब्द गुनगुनाती हैं
और जाग उठता है उनका कवि कालिदास!

59

था कभी एक कालिदास
अपने होने में लिए एक अभिशप्त यक्ष
जिसे अपने ही भीतर
उस अलकापुरी तक जाना था
जहाँ प्रगल्भ ऐश्वर्य के भीतर
एक कविता उसकी प्रतीक्षा में मलिन और उदास थी

वहाँ पृथ्वी नहीं थी
कि उतावले पैरों से चल दे उस ओर
किन्तु आकाश बहुत था
जो कि होता है किसी भी कवि के भीतर
जल और ऊष्मा भी
कि घिर-घिर आएँ साँवले-सलोने मेघ

वे दिन बीत गए विचित्रे
अब आकाश कम है
जल भी बहुत कम
शेष है ऊष्मा जो आँच होती जाती है

चाहता तो हूँ
कि मेरे आकाश में भी ढेर सारा मेघ हो
जिसका सबसे सजल अंश भेजूँ तुम्हारी ओर
किन्तु इस निर्जलता का क्या करूँ विचित्रे
कि जलता है रक्त
और धुआँ से भर जाता है
कम होता हुआ आकाश!

60

पूर्व मेघ मार्ग ढूँढ़ते थे
उत्तर मेघ व्यक्ति
आधुनिक मेघ आए विचार ढूँढ़ते-ढूँढ़ते गए
उत्तर आधुनिक मेघ अपने साथ लेकर आए अविचार

यह उत्तरोत्तर मेघ की ऋतु है
अब मार्ग व्यक्ति विचार और अविचार
सब व्यभिचार की वारुणी के लिए पंक्ति में खड़े हैं

ये किसके पात्र हैं
किसके देवता किसके ऋषि
किसके नायक किसकी नायिकाएँ

किसलय-मन कवि कालिदास
देखता है और उदास हो जाता है

और उधर पश्चिम से शेक्सपीयर
कभी कालिदास को देखता है
कभी उसके और अपने नमूनों को
और नुकीली मूँछों के नीचे बड़ी धार से मुस्कुराता है!

61

मेरे पंख कुबेर के पास हैं
उड़ नहीं सकता
पैरों में शाप की बेड़ियाँ हैं
दौड़ नहीं सकता

ऐसी पराजय जैसे मरुभूमि
लौटने के लिए कोई ऊँट भी नहीं
जीतने वालों के पास रहे होंगे
कुमुक और रसद-पानी के इन्तज़ाम भी
मेरे पास अपने पंचतत्त्व के सिवा कुछ भी नहीं
सूखे होंठों पर सूखी जीभ फिराते हुए सोचता हूँ
पराजय के इस अछोर रेगिस्तान में
पानी के बारे में सोचना भी तरावट है

मेरे मन
क्या तुम इतने-भर से
एक लच्छा बादल नहीं बना सकते
कि बादल होगा तो उड़ेगा उधर
जिधर पेड़ चातक-सी प्यासी पत्तियाँ पसारे खड़े होंगे
खड़ी होगी मेरी यक्षिणी
सृष्टि का पहला घड़ा और पहली प्यास लिए
उसी दिशा चल दूँगा मैं
कि बादल के पीछे चलना हो तो पैर अब भी ऊँट हैं!

62

तुम्हारा कोई अपराध नहीं यक्ष
क्रोध कुबेरों का मनोरंजन है
दरअसल सुख के साधन बहुत हों
तो घातक ऊब पैदा करते हैं

तुम्हारे कुबेर ने
तुम्हें नहीं अपनी ऊब को निर्वासित किया है
अब कुछ महीनों तक
तुम्हारा सन्ताप और तुम्हारी यक्षिणी का विलाप
उन्हें सुख देगा

अलकापुरी अपने सुखों से सन्तप्त है मित्र
यहाँ आँसुओं की वर्षा भी हो नऽ
तो लोग मल्हार गाने लग जाते हैं!

63

कवि, कल रात रामगिरि गई थी मैं

देखा, यक्ष मूर्च्छित-सा पड़ा है
उसके नेत्र और होंठ जेठ की तरह सूखे हैं
और उसकी विशाल देह पर
सावन के साँवले बादल धमाचौकड़ी मचा रहे हैं

मैंने कहा—'उठो यक्ष, देखो तो कितने सारे मेघ हैं
इस बरस सन्देश नहीं दोगे क्या
कैसे काटेगी मेरी सखि बरस भर का विरह
तुमसे लिपटी कादम्बिनी
जब तुम्हारी गन्ध से उसे नहलाएगी
तो क्या वह विदग्धा पूछेगी नहीं
कि मेरे प्रवासी प्रिय ने क्या सन्देश भेजा है
और तुम्हें तो पता ही है
प्रकृति के चर कभी झूठ नहीं बोलते'

यक्ष बड़बड़ा उठा—
'कोई ले जाए इन दुष्टों को
आषाढ़ में कहाँ थे
ये मेरे नहीं कुबेर के दूत हैं
सन्देश लेने नहीं
कुबेर की करुणा का विज्ञापन करने आए हैं
विचित्रे, छोड़ दो मुझे
और जाकर कह दो मेरी प्रिया से
कि अभिशाप ने मुझे कीलित किया है उसे नहीं

निकल आए उस नगर से बाहर
आ जाए यहाँ
अलकापुरी भले कुबेर की हो
रामगिरि अब भी कालिदास का है!

64

पानी आसमान से गिरता है
पानी पाताल से आता है
पानी पृथ्वी पर बहता है
उसका बहना और बहा ले जाना कितना जादुई है
कि देह के भीतर प्राण-सा बहता पानी
मारती हुई मैल लिए हर पल बाहर आता है

यह जादू नहीं तो और क्या है देकार्त
कि जो पानी देह को साफ़ करता है वही मन को भी
काश कभी नहाते वक़्त रोए होते
तो तुम भी देह और मन के बीच का फ़ासला
आसानी से तय कर लेते

पानी जो मेरे जीने की दूसरी सबसे बड़ी शर्त है
उसे रोज़ मरते हुए देखता हूँ
और प्रजापति को याद करता हूँ
जिसने पानी की देखभाल के लिए
जादू के पुतले गढ़े थे
जिनसे पूछो कि तुम कौन
तो कहते थे—वयम् यक्षाम:

और हम अदृश्य यक्ष और साक्षात् पानी के आगे झुक जाते थे

मगर फैलने के लिए कुछ भी फैलाने वाले धर्म ने
यक्षों को पानी का पीर तो क्या
भिश्ती भी नहीं रहने दिया

अब पानी मर रहा है
और यक्ष सामूहिक विस्मृति की कारा में बन्द हैं
हालाँकि पुकारो तो कविता में तुरन्त भेज देते हैं
अपनी बेहद संक्रामक छाया
मगर सबसे बड़ी मुश्किल तो यही
कि लोग कविताएँ कम पढ़ने लगे हैं!

65

थोड़ा जादू तो चाहिए
चाहिए तनिक तिलस्म
कुछ न कुछ भय
वरना क्यों कोई नत
क्यों कोई अधीन
शासन कोई भी हो
थोड़ा जादू तो चाहिए

कथा है उपनिषद की
एकदा देवलोके एक यक्ष प्रकट हुआ
दिव्य विराट
देवों में खलबली कि कौन यह अपर देव
मित्र है कि शत्रु

तीक्ष्ण बुद्धि अग्निदेव आवाहित
यक्ष के निकट गए
पूछा—तू कौन
यक्ष मौन अग्निदेव क्रुद्ध
भस्म कर सकता मैं जो चाहूँ
पूरी की पूरी सृष्टि भी

यक्ष ने फेंका एक तिनका
इसे तो जला दो बन्धु
अग्निदेव उग्र
थूकी एक लपट विकराल

एक और एक और एक और
किन्तु तिनका चमकता रहा पूरी विनम्रता से

अग्नि की पराजय से चकित हुए देवगण
सृष्टि के प्राण पवनदेव आगे बढ़े
यक्ष के निकट गए
पूछा—तू कौन
यक्ष मौन
पवनदेव क्रुद्ध
सृष्टि की श्वास मैं
सब कुछ उड़ा दूँ
तितर-बितर कर दूँ
यक्ष ने फेंका एक तिनका
इसे तो उड़ा दो बन्धु
झंझाएँ चक्रवात आँधियाँ पवन उन्चास
अचल अटल पड़ी रही सूखी हुई घास

इस बार आए स्वयं देवेन्द्र
आते ही ऐरावत-स्वर में चिंग्घाड़े
दिव्य यक्ष विकट यक्ष कहाँ हो कहाँ हो
किन्तु यक्ष लुप्त
ढूँढ़ते रहे इन्द्र
कुतः त्वम कुतः त्वम कुतः त्वम यक्ष
किन्तु यक्ष लुप्त

देवों के इन्द्र विवश हतबुद्धि
कि प्रकट एक देवी ब्रह्म की माया

और दलित-दर्प भंग-अहंकार
सबके सब नत

थोड़ा जादू तो चाहिए

चाहिए थोड़ा भ्रम कुछ न कुछ भय
कि सत्ता अगर धर्म की
चाहिए कोई यक्ष!

66

आता है कोई चतुर सुजान
और राजा को ईश्वर का अवतार बता जाता है
आता है कोई नीतिज्ञ
और धर्म को राजा का छत्र बना जाता है
आता है कोई चारण और राजा के हाथ में
एक से एक चमत्कारी शस्त्रास्त्र थमा जाता है
और कोई महाकवि जो राजशय्या पर अप्सराएँ लिटा जाता है

और लोग चकित विस्मित भयभीत चीख़ते हैं
त्राहि माम् त्राहि माम् त्राहि माम्
जय हो जय हो जय हो
राजा बाहर आता है
जैसे कथाओं की म्यान से खिंचा कोई खड्ग
और अपनी चमक दिखाकर लौट जाता है

थोड़ा जादू तो चाहिए
प्रजा-भाव स्वयंभू नहीं
श्रद्धा अकारण नहीं!

कभी सुना है आपने
कि मेनका किसी साधारण व्यक्ति पर रीझी
और उर्वशी ने किसी किसान की सन्तान को जन्म दिया

67

मैं वह मेधा ढूँढ़ रहा हूँ
वह प्रतिभा वह तीक्ष्णता
जिसे देवताओं और कवियों ने
अपनी मांसल कामनाओं की
मोटी परतों के नीचे दबा दिया

मूलाधार पर टिके तांत्रिकों की महानता
कि तुम्हें उप-देवी तो क्या उप-स्त्री भी नहीं रहने दिया

धर्म के भीतर भोग्याओं से भरे मठ में बिठा दिया तुम्हें
मेखला, मदना, जनरंजिका और विभ्रमा बनाकर
कह दिया कि कामनाओं के ज्वर तुमसे
और तुम्हीं से उपचार
बस यही एक लोक यही एक आकाश
उड़ती-उड़ाती रहो
मगर कुछ कहो मत कुछ सोचो मत
मानो आदिग्राम के सिवान पर डोलतीं
छोरियों के मन के चबूतरे पर
बने पिंड मूर्खता की मिट्टी के होते थे

मैं तुमसे मिल चुका विचित्रे
अब मुझे उस हंसी की तलाश है
जो पृथ्वी के भीतर गड़े धन का नहीं
बहलाते पत्थरों के भीतर
दफ़्न दिमाग़ का पता दे

मैं तुम्हारी यष्टि नहीं तुम्हारी विद्या
तुम्हारे अधर नहीं
तुम्हारी वाणी का आवाहन करता हूँ यक्षिणी!

68

आप श्रद्धा प्रकट करेंगे कि दोस्ती
आपको कब कहाँ कितना
झुकना या न झुकना है
यह सदा से इस बात पर निर्भर कि आप बैठे कहाँ हैं
मजनूँ के टीले पर कि लुटियन के
चटाई पर कि चाँद पर
सवारी गधे की करते हैं कि घोड़े की
फ़र्राटा बस पे भरते हैं कि पुष्पक विमान से
चरण आप छूते हैं कि आपके छुए जाते हैं

प्रजा के लिए तो सारे यक्ष देवता
और सारी यक्षियाँ देवी
प्रजा का क्या है
वह तो लम्पट तांत्रिकों
और विवश भैरवियों के आगे भी नतमस्तक

मगर वे जो धन, शक्ति
या सिद्धि के किसी टीले या पर्वत पर बसे
देवत्व का स्तर वही तय करते हैं

कभी सुना है आपने
कि मेनका किसी साधारण व्यक्ति पर रीझी
और उर्वशी ने किसी किसान की सन्तान को जन्म दिया!

69

जितनी देर तक जलते हैं दीप
कामनाओं के
उतनी देर के लिए
कोई भी यक्षिणी बन जाती है स्त्री
और फिर वैसी की वैसी
उतनी ही वायवीय उतनी ही दिव्य

किन्तु जब भी कोई स्त्री
प्रेम के आगे
अभाव के पिछवाड़े
या भय के भीतर यक्षिणी बनती है
किसी न किसी स्तर पर मारी जाती है!

70

यह उस रात की कथा है
जब मेरे लिए
रेतीली आँधियों और भारी हिमपात में
कोई अन्तर नहीं रह गया था
और चकित करनेवाले दृश्य डराने लग गए थे
काले मेघों की कारा और निशीथ का नागपाश
ईश्वर का जन्म भी नहीं हुआ था तब
कि प्रार्थना करता
निराशा के निर्वात में मैंने जाने किसे पुकारा
और चकित हुआ
कि प्राणांतक पीड़ा कर्पूर की तरह उड़ रही है

वह दिन और आज का दिन
जाने कितने नगर जादू के पार किए मैंने
रचे और तोड़े कितने तिलिस्म
कविता को साकार किया
और उजड्ड आकारों में कविताएँ बसायीं

मगर विचित्रे
अब नए जादू मुझे हैरान कर रहे हैं
और नए जादूगर परेशान
वे झूठ बोलते हुए आते हैं
और सबसे बड़े सच हो जाते हैं
वे किसी के आगे नहीं चलते
मगर सब उनके पीछे खड़े हो जाते हैं
वे कोई मोल नहीं देते

फिर भी ख़रीद लेते हैं
सिर्फ़ एक धागा लहराते हैं
और लोग बँध जाते हैं
एक डंडे में बाँध सिर्फ़ एक चिथड़ा उड़ाते हैं
और लोग उसे ईश्वर मान लेते हैं

क्या अब भी काले मेघों की कारा है
और निविड़ निशीथ का नागपाश
कि यह तुम्हारे चषक से टपकी पहली बूँद का नशा है
कि मिट्टी के पुतलों की पहली और आख़िरी ज़रूरत
कि बस एक पुरानी लत

यह क्या है विचित्रे ?

71

प्रस्तर-निद्रा से जागोगी
तो चौंक जाओगी

बहुत जादू है हमारे समय में

अब हमें वस्तुओं के आर-पार देखने के लिए
किसी हंसी की ज़रूरत नहीं
कामनाएँ जगाने की इतनी दुकानें
कि न विचित्रा चाहिए न मदना
हमें जलाशयों की रक्षा के लिए यक्ष भी नहीं चाहिए
दरअसल हमें कोई जलाशय ही नहीं चाहिए
हमने पानी को बोतलों में बन्द कर लिया है
जिसका क़द
हमारी प्यास के हिसाब से घटता-बढ़ता रहता है

उड़ना आ गया है हमें और बहुत आराम से
एक सूखी और ठंडी उड़ान
जहाँ अन्न और फल और मिठाई ही नहीं
मदिरा से भरे पात्र भी
बैठने की जगह तक पहुँचाए जाते हैं

अब हमें शत्रुओं की भी चिन्ता नहीं
इतने हथियार हैं हमारे पास कि क्या देव और क्या असुर
दोनों को एक साथ तबाह कर सकें
मृत्यु का डर भी नहीं
होता तो क्यों हम स्वयं को हौले-हौले मारते रहते

अब हमारे पास अपने जतन के ढेरों हासिल हैं
जाने कितनी जुगतें और कितने जुगाड़
अलकापुरियों से पटी है पृथ्वी
और रिमोट का बटन दबाते ही
इन्नर-सभा के आगे से यवनिका उठ जाती है

अब हम अच्छी तरह जानते हैं कि तू झूठ है
और यह भी कि झूठ के बिना
हमारा संसार नहीं चल सकता
मगर हमें तुम्हारे झूठ की कोई ज़रूरत नहीं
हमने सत्य, शिव और सुन्दर
हर तरह के झूठ गढ़ लिए हैं!

72

1

यह सभ्यता के ध्रुवांत की धूप है
या असभ्यता के आतंक की तीखी मिर्च

आत्मा की आँखों में जलन है
और जीभ पर पानी की पुकार

फिसल जाने का जी करता है
वहाँ उस तरफ़
जहाँ शाम की साँवली उजास में लेटी है नदी
भाषा की अनगढ़ लिपियों
और शब्दहीन ध्वनियों के देस से आती हुई

सृष्टि की सबसे पुरानी नदी है वह
हमारे होने से सम्भव
हमें सम्भव करती हुई
उसे सब पता है
अनगिनत हथेलियाँ चुल्लू बनकर डूबीं हैं उसमें
अनगिनत हाथों ने अपनी रेखाओं में जमी मैल धोयी है
अनगिनत होंठों से टपकी हैं अनगिनत नामों वाली प्यासें

तरावट बाँटती यह नदी प्यासों का विराट संग्रहालय भी है
ज़िन्दा और जंगम
बुद्धि के गरम तवे पर बैठी बहसों को
वही समझा पाए शायद कि तरावट ऐश नहीं ज़रूरत है

2

उस नदी के तट पर
जाने कितनी झड़पों
कितने युद्धों की व्यर्थता के पर्वताकार स्मारक हैं
जिनकी अँधेरी घाटियों में हत्यारे हत्या के तर्क ढूँढ़ते हैं
लुटेरे लूट का औचित्य
और पापी पुण्य के दीपक तले के अँधेरे

उन टीलों की ढलानों पर असंख्य छोटे-छोटे गर्भगृह हैं
जिनके दरवाज़ों पर
पुआल के तिनकों की तरह बिखरे हैं सूखे हुए नाभिनाल
उन्हें बहते हुए रक्त से भिंगाकर
फिर से हरा करने की कोशिश की सड़ाँध
मुझे बेचैन कर रही है विचित्रे

अपने हाथ की पताकाओं में
सूखे हुए नाभिनाल की रंगीन झालरें बाँधे
ये सूरमा कहाँ जा रहे हैं
क्या उन मुर्दा नाभिनालों के सिवा
इनकी और कोई पहचान नहीं
इनके जिस्म अग्निवाण की तरह क्यों हैं
क्या जलाने को निकले हैं
कौन-सा शहर कौन-सी क़ौम
किसकी दुनिया को मोहनजोदारो में
बदल देना चाहते हैं क्यों
राख के टीले पर फहरती पताका का क्या अर्थ

मेरी कविता लाशें गिनते-गिनते थक गई है विचित्रे!

3

मेरी प्यारी विचित्रे
प्रश्न–पटु यक्षों से कहो कि आएँ
और इन सूरमाओं की अन्धी प्यासों की राहों में छा जाएँ
डट जाएँ तृप्ति के उन सरोवरों पर
जहाँ इनके प्राणों का पानी बसता है

एक घूँट भी न पीने दें
जब तक ये बता न दें कि
दुनिया की ज़्यादातर भाषाओं में
माँ के सम्बोधन में म की ध्वनि क्यों होती है
और सुन्दर चेहरा चन्द्रमा के जैसा ही क्यों होता है!

73

सैकत पत्थरों वाले पर्वत अब भी हैं
अब भी छेनियों के जादूगर
सम्राटों से होड़ लेते श्रेष्ठियों की भीड़ भी

मगर कला है
कि नंगी और गर्म होकर रह जाती है
जिसे निपट एकान्त में किसी के साथ
निमिष-भर निहारते हैं
नौ अंकों और ढेर सारे शून्यों के संयमहीन स्वामी

मुझे पृथ्वी के पहले वन में भटकाने वाली विचित्रे
बता सकती हो
कि ये मूर्तियाँ कहाँ से आती हैं
कौन रचता है इनके ध्यान
और विधान
कि सारी अग्नि
चन्द उच्छ्वासों में ही शीतल हो जाती है!

74

मुक्ति नहीं थी वह यात्रा
जो इच्छाओं की क़ीमत पर हुई
देह से मन और मन से विचार

मुक्ति का मार्ग तो अब मिला है—
गर्म इच्छाओं से टपकती है मदिरा
ठंडी इच्छाएँ पीती हैं

जितनी तेज़ मदिरा
मुक्ति उतनी ही मुक्त
उतनी ही मदिर

मुक्ति यानी इच्छाएँ जहाँ ले जाएँ
फुनगियाँ जड़ों के बीच मुँह घुसाती हैं और बुदबुदाती हैं
—मुक्ति और मिट्टी की महक एक जैसी

जड़ें हवा में लहराती हैं और सूख जाते हैं पेड़
उनके प्राण कपास की तरह उड़ते हैं—मुक्त

हमारे कुबेर और इन्द्र की यही इच्छा भी है

हम सब एक महायान में बैठे हैं
देखें और प्रसन्न हो जाएँ बुद्ध के वारिस
जिन्हें जम्भल भी चाहिए था और यक्षियाँ भी

स्मरण है मदने
वह समय
जब जीवन पृथ्वी के बहुत पास था
चाँद-तारे भी मिट्टी के दिए थे
सूर्य ईश्वर था
जहाँ तक जा पाएँ उससे आगे की दिशा आकाश
स्वर्ग नहीं था नहीं था नर्क
पाप और पुण्य पैदा भी नहीं हुए थे

स्मरण करो वह समय
जब केवल तुम आराध्या थी
और वह गन्ध
जो कामनाओं के कान्तार से उठती थी
और कहो साक्षी भाव से
कि यह किसकी चीख़ का समय है
मेरी कि तुम्हारी?

75

वैदिक ऋषि कहते थे—
हे पुरवासियो
जब इतना प्रतापी और इतना प्रत्यक्ष
सूर्य-सा देवता तुम्हें और तुम्हारे समय को
दीप्त और ऊष्ण रखता है
तो उड़नछू यक्षों को क्यों पूजते हो

और हज़ारों बरस बाद चेताते हैं
वेद-अपढ़ पंडिज्जी—
जजमान, इस यच्छी की मूरत को
जी-भर निहारिए सौ बार सराहिए
मगर कम से कम घर में तो मत ही रखिए
यह तंतर-मंतर वाली चीज़ है

समय भले बीत जाए
बात नहीं बीतती!

76

पानी का बिल
और बीमा की किस्त जमा करते वक़्त नहीं
उधार की वसूली
और क़र्ज़ का जुगाड़ करते वक़्त नहीं
बच्चों के भविष्य और अपने बुढ़ापे के
इन्तज़ाम के बारे में सोचते वक़्त भी नहीं
जीतने वाली पार्टी का चुनावी टिकट मिलने
और चुनाव लड़ने के वक़्त तो बिलकुल नहीं

यक्षिणी, तुम्हारी याद
मंत्रिपद मिलने के बाद आई
और बहुत आई
कितनी यह दुनिया जानती है!

77

शिल्पी मेरे भाई
कितना कुछ बनाया होगा तुमने
और जो भी बनाया होगा
बहुत अच्छा से कम क्या रहा होगा
मगर सब ओझल सब ख़त्म
शेष बस यही एक मूर्ति
जिसे पुराविद यक्षिणी
और लोग स्त्री की तरह देखते चले आ रहे हैं

दो हज़ार साल और करोड़ों दीदवर
आगे भी ऐसे ही चलेगा
जब तक पृथ्वी की उम्र
और सही करवट

मगर तुम्हारी कालजयी कृति से मुख़ातिब मेरी कविताएँ
कितने कोस जा पाएँगी
कितने दरवाज़ों पर दस्तक
कितने मानस में प्रवेश

दो सौ प्रतियाँ और दो बरस
यही तो
और क्या है मेरी पुकारों की हैसियत और उम्र
वस्तुओं पर टिकी आँखों के बीच
नज़रअन्दाज़ होना और होते जाना और ख़त्म हो जाना
मुझ जैसे कवि को
इससे ज़्यादा और मिल भी क्या सकता है

डर बस यही कि इस एकान्त मृत्यु को
सिर्फ़ मैं देखूँगा मेरे भाई सिर्फ़ मैं
और किसे परवाह
त्रिकाल और त्रिलोक के आर-पार
उड़ती विचित्रा भी कब तक साथ देगी!

यक्षी अब जा रही है
उसका पक्ष बीत रहा हो जैसे
चन्द्रमा का क्षीण-सा चाप देखता हूँ
और उदास हो जाता हूँ

78

देश और काल और लोक के पार
ले जाने वाले पंख झड़ रहे हैं
क्षितिज के स्वरों को शब्द देती भाषा छीज रही है
और रक्त को भाषा तक लाती हुई ऊष्मा मन्द पड़ रही है

सिहरन बढ़ती जा रही है
घना होता जा रहा मौन
फुहियाँ जम-सी गयी हैं
चेतना के अनन्त में हौले-हौले होता हुआ हिमपात
तुझे ओझल करता जा रहा है
तुम कहाँ हो यक्षिणी ?

79

आकाश कब तक श्यामल
पवन कब तक मेघवाही
इन्द्रधनुष कितनी देर
शम्पा का रास कब तक
अन्तस का अभूतपूर्व आयोजन समाप्त
सब अपने-अपने रंग में वापस
अँगड़ाइयों के युग नहीं होते

यक्षी अब जा रही है
उसका पक्ष बीत रहा हो जैसे
चन्द्रमा का क्षीण-सा चाप देखता हूँ
और उदास हो जाता हूँ

शायद वह रामगिरि जा रही है
शायद अलकापुरी भी
और शायद मनुष्यता के सबसे पुराने संग्रहालय की अनन्तता में भी
कि आतुरता की अग्नि से पिघला हुआ मौन जब
भाषा में उतरने से पहले पुकारे
तो वनौषधियों के आसव की फुहियाँ और गन्ध लिए
फिर आए...फिर आए...फिर आए!

80

अलकापुरी अब अलकापुरी में है
पाटलिपुत्र पाटलिपुत्र में
राजधानियाँ जो मेरी सैर को आई थीं जा चुकीं
वे लोक भी जा चुके
जो लाल कपड़े में बँधे शास्त्रों से आए थे

वे अब अपनी कथाओं की सरलता
या श्लोकों की गूढ़ता में मिलेंगे

विचित्रा के सहचर और अनुचर भी गए
उसका ताप कि मैं खुला और फैला
इतना कि सबके सब पैठ और बैठ सके
मेरी चेतना के त्रिलोक में विचर सके
जीम सके मेरे अन्तस के छत्ते का मधु
मेरे रक्त का जल पी सके

वे गए मुझे फैलाकर चले गए
और अब मैं बहुत ख़ाली हो गया हूँ
अब तो विचित्रा भी नहीं
न कोई छवि न छाया न सौरभ न स्वर
पुकारता हूँ और स्वयं सुनता हूँ

वे शब्द जो उसके जागने से जागे थे
चले गए वापस
जैसे नाटक के बाद सारे प्रस्तोता
अपने-अपने नेपथ्यों में चले जाते हैं

अब वह एक भूली जा रही कथा है
शहर होते गाँवों के सिवान पर
किसी उपेक्षित पिंड की पथरायी आत्मा है
ज्ञान और तर्क की धूप में
कविता की पलकों पर टिकी ओस की बूँद है
अब वह एक ज़िक्र है
जिस पर हँसा जा सकता है
एक जंगली बूटी
जिसके लिए सभ्यता के मर्तबान में भी कोई जगह नहीं

वे प्राण जो मूर्ति में समाए थे
और एक आलोकवृत्त से
कवि की काली कुटिया में आए थे
वापस गए
अब मैं एक सामान्य प्राणी हूँ
मगर जान चुका हूँ
प्राणों के जाने की क्रिया और पीड़ा
अब यह रहस्य नहीं रहा कि मरना क्या होता है
हे मौर्य कला और काल की अन्तिम जीवित साम्राज्ञी
बहुत सुन्दर मूर्ति तुम अब भी हो
यक्षी भी
मगर दीदारगंज की
वह विचित्रा नहीं
जिसका अवतरण आज भी मेरे लिए रहस्य है!

81

पेड़ दिखा सकते हैं
लताओं के सूखने और पत्तों के झड़ने के बाद का सूनापन
पत्थर अपनी पड़ोसिन दूबों के सूख जाने से पैदा उजाड़
शब्द भी समझा ही सकते हैं दूसरे शब्दों में
कि मेरे कुछ और भी अर्थ थे जो चल बसे
मगर एक कवि कैसे समझाए
कि रचना की ऋतु का जाना क्या होता है

यह शोक भी तो नहीं कि शोर उट्ठे
और आँगन में अपनों-परायों की आमद शुरू हो जाए

यह अभी-अभी शस्य श्यामला रही पृथ्वी का ख़ालीपन है
इसे आकाश नहीं समझ सकता
नहीं समझ सकती प्रभुता
इसे सिर्फ़ स्त्रियाँ समझ सकती हैं
ख़ासकर वे जो एक मुस्कान को जन्म देकर
मुस्कुराना भूल जाती हैं!

82

पंचतत्त्वों पर निर्भर जीवन
मूलाधार पर ही कट सकता है
कि सहस्त्रार सिर्फ़ वही छू पाता जो निर्भार
जैसे कोई स्त्रष्टा
जब अपने तप्त क्षणों में
भाप और धुएँ की देह धरता है
किन्तु टिक नहीं पाता वहाँ
हौले-हौले टपकता रहता है
जैसे पानी की बूँद गीली राख

तुम्हारे जाने के बाद
मैं भी आ गिरा हूँ वहीं
जहाँ क्या पार्थिव और क्या दिव्य
सबकी कालिमा टपकती रहती हैं

और तुम भी तो वहीं
मूर्ति-शेष
राजकीय मंडप
प्रसिद्धि का प्रकाश
पथराया मूलाधार
सब कुछ तो वही!

83

तुम्हें तो यहीं रहना है
रोशनी के इस उजले घेरे में

मुझे जाना होगा
कि मैं जीवित हो उठा पत्थर नहीं
हौले-हौले पथराता प्राण हूँ
मंच पर आ तो सकता हूँ
रह नहीं सकता

सुनो, मुझे ज़ोरों की प्यास भी लग आई है
और जिस जल को पीकर
बच सकते हैं मेरे बचे-खुचे प्राण
उस स्त्री की आत्मा में बसते हैं
जो मेरी तरह मनुष्य है तुम्हारी तरह यक्षिणी नहीं!

सच तो यही कि उसकी ही स्मिति से किरणें छिटकती हैं
दिन की उजास उसी की आभा से
उसी की थकान से गगन सँवलाता है
उसी की देह के घावों का कृष्ण रक्त तिमिर बन बहता है
उसी की पीड़ा से रात की निविड़ता
विकल वनस्पतियों में वही सिसकती है

कथान्तर

1

मैं एक साधारण मनुष्य हूँ
श्रमिक, कुशल श्रमिक भी कह सकते हैं
मेरी कोई कथा नहीं
कुछ घटनाएँ हैं जो मेरे स्वेद से भींगी हैं
और एक शूल जो मेरे रक्त से
एक स्पर्श जो मेरे अन्तस का वैभव है
एक स्मृति जो मेरी साँस
और एक अनुपस्थिति जो उच्छ्वास
मेरी कथा सगुण मिट्टी
और निर्गुण वायु के बीच की है

2

मैंने वह समय देखा है
जो राज-प्रासाद में रहता है
मैंने उस समय को चखा है
जो कुछ भी खा लेता है
मैंने वह शक्ति देखी है
जिसके कशाघात से काँपता है समय
और वह यश-कातरता भी
जो कथा के मन्दिर में करबद्ध नतशीश
एक उपमा एक विरुद के लिए आतुर

कथा में जाने के लिए क्या नहीं किया जाता
घोड़े घूमकर आते हैं और मार दिए जाते हैं

कवि आश्रयहीन कर दिया जाता है
कि कविता में मुकुट वैसा नहीं कौंधता
जैसा किसी कूँचीधारी के चित्र में
और कई हाथ इसलिए ख़ाली रह जाते हैं
कि माटी की सोंधी-सोंधी मूरतें बनाते हैं
और ऐसी मूरतें महल में तो नहीं रह सकतीं नऽ

कथा में जाने के लिए खोदे जाते हैं अगम कूप
कलिंग को शवों से पाट दिया जाता है
और धर्म के चीवर से पोंछे जाते हैं रक्त के छींटे

कथा में जाने के लिए
सिंहासन पर बैठकर
सन्तान को संन्यासी या नेत्रहीन होते देखना होता है

कथा में साधारण मनुष्य भी जाते हैं
मगर नाम और तिथि के साथ नहीं
और बैठे-बैठे तो विस्मरणीय कथा में भी नहीं
बैठे-बैठे आप अनाम श्रोता हो सकते हैं या भाग्यहीन शव

गति ही मुझे भी ले गयी वहाँ
जहाँ पहुँचने-भर से
मेरा अतीत और भविष्य कथा की वस्तु हुए
वहीं से आरम्भ...

3

मैं नगर के अन्तिम घर का वासी हूँ
थोड़ी ही दूर बाद एक गाँव है दर्शनपुर
वहाँ वे रहते हैं जो नगर में नहीं रह सकते
मैं भी वहीं रहता था कभी
और तराशता था शिवलिंग और अर्घ्य

किन्तु एक दिन
...किसी श्रेष्ठि के लिए
बनायी एक मूर्ति कुबेर की
जो सम्राट को अर्पित हो गई
(अपने आराध्य को खोए बिना धन नहीं आता कवि!)

और एक दिन मैं
पाटलिपुत्र की राजसभा में उपस्थित किया गया
पहली बार देखा कि क्या होती है राजसभा
पहली बार जाना
कि जो मुख नृत्य देख कहते हैं—साधु! साधु!
वही वध का आदेश भी देते हैं
और वह भी कितनी निर्लिप्तता से
पहली बार जाना कि सम्राट होना क्या होता है
और क्या है कृपा के बरसने का व्याकरण

मुकुट को चाहिए अमरत्व
कथा की तरह वायवीय और शिला की तरह दृढ़
यानी कवि भी चाहिए और शिल्पी भी

और मैं राजशिल्पियों के समूह का अंग
नगर में निवास जहाँ से देखता हूँ पूरब
तो दिखता है गाँव जो अब भी मेरा है
हाँ, मैं उसका नहीं

लता को छोड़ते हैं फूल
फूल को छोड़ती है सुगन्ध
मिट्टी ऐसे ही छूटती है
ऐसे ही छूटते हैं उसके गुण

4

कहते थे गुरु
कला का कर्म कठिन है

कठिनतर कला-धर्म का निर्वाह
किन्तु सबसे कठिन कह पाना
कि कोई भी कला अपने सर्जक को क्या देगी
दंड या पुरस्कार
वह पुरस्कार का पथ था
जो मुझे साम्राज्ञी के उपवन तक ले गया
जिसकी नवीन सज्जा करनी थी मुझे
वहीं मैंने देखा उसे देते आदेश

देखो, यह रही मल्लिका
वो उधर वहाँ होंगे पाटल
रजनीगन्धा वहाँ गवाक्ष के निकट
यहाँ होगा बीच में साम्राज्ञी का आसन
यही उनकी इच्छा है
देखो और समझो कि कैसे सजाओगे
कितनी और कैसी मूर्तियाँ लगाओगे
पूरी स्वतंत्रता

अन्तिम दो शब्द कहते समय
झटके से मुखमंडल प्रकट हुआ पूरा
दर्प का कवच तनिक दरका
पाटल की कालिकाएँ खिलीं
मोतियों की पंक्ति तनिक झलकी
कन्दुक से उछले दो शब्द—पूरी स्वतंत्रता

और मैं दास हुआ

उसने भी देखा मुझे तनिक देर
काँप उठा मैं
शनैः-शनैः निकट आई साधिकार पूछा
—किस पुर के वासी हो
—जी, दर्शनपुर

—दर्शनीय भी हो
पाहन हुई जीभ
—कार्य की प्रगति की निरीक्षिका मैं ही
पाहन हुए प्राण
—कार्यारम्भ शीघ्र हो, जाओ
पाहन हुए पैर
—पूछना है कुछ
पर्वत हुआ मैं
कि सहसा निकट आई वह
छू मेरी ठुड्डी चपलता से बोली
—जाओ युवा शिल्पी, साम्राज्ञी का उपवन है

फिरा मैं
जाने किन पहियों पर चला
जाने किन मार्गों से कार्यशाला पहुँचा
टकराया अपने ही आधे बने शिल्प से
तब जाकर चेत आया
हाय! मूर्ति का टूटना घोर अपशकुन!
किन्तु दूसरे ही क्षण ठुड्डी जो सिहरी
तो मेघों के बीच मैं!

5

शीत नहीं ताप नहीं
पूजा नहीं जाप नहीं
वर नहीं शाप नहीं
पुण्य नहीं पाप नहीं
क्षुधा नहीं क्लान्ति नहीं
भय नहीं भ्रान्ति नहीं
सिन्धु-सा विकल मन
शान्ति नहीं शान्ति नहीं
कर्म कर्म कला कर्म
कोई विश्रान्ति नहीं

6

कुन्दन-सी काया कुमुदिनी मुस्कान
अतिपुष्ट जूड़े में कसे हुए केश
फूलों से भरी एक लहराती डाल
गरिमामयी चाल
ग्रीष्म-सी खुली पावस-सी सरस
स्वर में वसन्त आँखों में इतना अनन्त
कि उड़ने को जी चाहे

7

साम्राज्ञी की ओर से आती रही वह
छवियाँ छिटकाती रही किन्तु अपनी ओर से
धूप में छाया-सी छाया में धूप-सी

भान तो होगा ही उसे भी कि क्या है
कि आते ही शिल्पी के हाथ धड़क उठते हैं
पत्थर और लोहे की झड़प ताल बनती है
सृजन-राग सप्तम पर

8

अन्तस की अग्नि से पाहन पिघलते रहे
मूर्तियाँ निकलती रहीं
सब में वह प्रतिबिम्बित तनिक-तनिक
कहीं अधर कहीं केशराशि
कटि कपोल वक्ष कहीं बाँहों के वर्तुल

समझे कवि,
पत्थर भी निर्मल जल-दर्पण हो सकता है

9

'किसी भी स्त्री को अंगों में बाँटकर देखना पाप है
किन्तु पुरुष जाति को श्राप है—ऐसा ही करेगा'

वही थी
उड़ते हुए मेघ पर खड़ी बिलकुल वही थी
जैसे कोई यक्षिणी दिगंत में
उसी का था स्वर
ताना-सा मारा और बह गयी

रात थी नींद थी स्वप्न था
किन्तु, मेरी सहमी हुई चेतना का जागना सत्य था

10

दिवस है तो दिवस रात्रि है तो रात्रि
जब जितना प्रकाश
उतने में आँखें खोलकर देखता हूँ

कोई गोधूलि नहीं
बातें करता हूँ
साझा करता हूँ कला के रहस्य
मन के सब गोपन
दर्शनपुर के सुख
दुःख पाटलिपुत्र के

बड़े धैर्य के साथ सब सुनती वह

पूछ भी लेती कभी-कभी
कैसे सीखा
कौन-सी मूर्ति कब, क्यों और कैसे बनायी
और मैं सीखने के दिनों को याद करता
यह भी कि कैसे छिटकती है छेनी
और एक बच्चे की कोमल उँगली रक्त से भींग जाती है
कि कैसे बिदकता है हथौड़ा और
पिता के श्रम की नाक टूट जाती है
और कितनी क्षिप्रता से लहराती है

एक हताश हथेली और बच्चे के गाल पर छप जाती है

सब सुनती वह इतनी तन्मय होकर
मानों अपनी ही किसी त्रासद स्मृति के वन में खो गयी हो
और धीरे-धीरे उसके गालों की चम्पई आभा मलिन हो जाती

एक दिन ऐसी ही धूमिल बतरस के बीच
उसके दु:ख ने लील लिया था मुझे
मगर हथौड़ियाँ कब मानती हैं
कब रुकती हैं छेनियाँ
पत्थर में लुप्त अंगों की खोज जारी
कि थोड़ी देर बाद सुनी
गुड़ के दानेदार शर्बत सी गीली आवाज़
मैं मुड़ा
हाय, वह तो रो रही थी

चाहा तो बहुत कि पोंछ दूँ
करुणा के जल से भींगा सारा मालिन्य
मगर कहाँ वे चम्पई गाल
और कहाँ मेरी गाँठदार मैली हथेली
वस्त्र भी पत्थर के कणों से अटे
कोरे-कुँवारे इस मन के सिवा
कुछ भी तो नहीं था स्वच्छ

11

तुम्हारे बाल उड़ रहे हैं
और मेरा आकाश ढक गया है
तुम्हारी आँखें खुली हैं
और सृष्टि के सारे मेघ शरणागत हैं

एक पीली आभा है
यानी मैं तुम्हें देख पा रहा हूँ

और मेरी सृष्टि में धूप है
जैसे तुम हँस रही हो

लानतें भेजता हूँ उन्हें
जो प्रकृति को कृति कहकर
कहीं और देखने लग जाते हैं

12

एक दिन आई वह हल्के नीले वस्त्र में
जैसे पहने हो कार्तिक मास का निर्मल आकाश
उजले-पीले फूल तारों की तरह चमक रहे थे
लगा कि कन्धे पर रेशमी चँवर धारे
कोई यक्षिणी अभिसार को निकली हो

मैंने परिहास किया
—आज का निरीक्षक तो मैं हूँ देवि
—प्रस्तुत हूँ
कहा उसने इठलाकर

मैं उसे घूम-घूम देखता रहा
कभी आगे कभी पीछे
कभी दाएँ कभी बाएँ
निहारता रहा ईश्वर का सुलेख
काया की कूटभाषा पढ़ता रहा बार-बार
साम्राज्ञी की सहचरी थी वह
गरिमा और धैर्य की क्या सीमा

सारी की सारी सृष्टि निस्पन्द
जागृत बस दो
मेरी समाधि और उसकी मुस्कान
ऐसी समाधि कि
घड़ी बरस दिवस नहीं युग बीते

जाने किस युग में हम थे
कि आई एक अनुचरी
—देवि, साम्राज्ञी ने आपको बुलाया है

और वह यंत्रवत् चल पड़ी
तनिक आगे बढ़ी
तो मेरे मुख से नियति ने पुकारा—
हे निरीक्षिके! आना अब एक मास बाद
उपवन की सारी मूर्तियाँ तैयार मिलेंगी

सुनकर वह मुड़ी
कन्दुक से उछले दो शब्द—पूरी स्वतंत्रता
और वह गयी
काँपता रहा दूर तक उसका गजनौटा
देर तक उड़ती रही उसकी मुस्कान
धूल-धूसरित कार्यशाला को धन्य कर

13

एक मास बाद क्षुधा और क्लान्ति थी
विकट विश्रान्ति थी
भूमि की शय्या पर निद्रा के सिन्धु में निमग्न था मैं
कि उद्धत प्रतिहारी ने झिंझोड़कर जगाया
उठो शिल्पी, उठो, दोपहर होने को आई, उठो
साम्राज्ञी स्वयं आ रही हैं मूर्तियाँ निरीक्षण को

मैं घबराकर उठा
मुँह धोकर डाल एक उत्तरीय
यथाशीघ्र प्रस्तुत हुआ ही था
कि सुरभियुक्त वायु ने सचेत किया

'मूर्तियाँ आवृत क्यों है शिल्पी
एक-एक कर अनावृत की जाएँ'

उसी का स्वर था किन्तु वह नहीं
साम्राज्ञी की मुख्य परिचरिका बोल रही थी
और मैं सम्मोहित आगे बढ़ा
एक के बाद एक दस मूर्तियाँ अनावृत कीं

'साधु! साधु! साधु!'

पहली बार सुनी वह ध्वनि
कानों के परदे पर
मन की जीभ पर
राजसी मिठास के छींटे पहली बार पड़े
'और यह ऊँची मूर्ति
इसे भी अनावृत करो शिल्पी'

मैं धन्य
कला की ऊष्मा
सत्ता को कैसे कोमल कर देती है

और मैंने शिशु सुलभ चपलता से आवरण हटाया
और पहली बार देखा महादेवी की ओर

हाय! यह क्या साम्राज्ञी के नेत्र तो विस्फारित
किन्तु ईर्ष्या और क्रोध की लपटें क्यों
क्यों देख रहीं वे एक बार मूर्ति को
और दूसरी बार उसे
और उसका मुख इतना विवर्ण क्यों

मैं हतप्रभ...

साम्राज्ञी मुड़ीं और कहा प्रतिहारी से
इस मूर्ति को अंग-भंग
और शिल्पी को दंडित मूर्ति के साथ
नगर से निष्कासन मिले

वे गईं और गया सारा दल
साथ में वह भी
जैसे भागते हुए शकट से बँधी एक आहत मृगी
मुड़कर एक बार भी नहीं देखा

14

—लेकिन क्यों
कला की कोमलता को इतना कठोर दंड क्यों
क्या अपराध है मेरा

—अपनी सबसे ऊँची मूर्ति को देखो शिल्पी
दंडाधिकारी का उत्तर था

—क्यों देखूँ भला
ज्ञात है मुझे
वह मेरी सर्वश्रेष्ठ कृति है
शुभांगी है विचित्रा प्रसन्नवदना है वह
ऐसी कि पत्थर के आगे भी रख दो
तो जीवन मुस्का दे

—इसीलिए कहता हूँ शिल्पी
इससे पहले कि अंगों का भंग हो
देख लो अन्तिम अखंड छवि अपनी विशिष्टा की

और मैंने देखा
अरे! यह तो वही है बिलकुल वही
इसे मैंने कब रचा
मैं तो सतर्क था
कि शिल्प में मेरे वह हो तो अवश्य
किन्तु इतना ही मात्र कि वह जाने मैं जानूँ
और जग कहे कि साधु साधु सुन्दर अति सुन्दर

असफल हूँ मैं पूर्णतया असफल
शिल्पी नहीं अपराधी
दास हूँ अनंग का
आत्मा का पाप हूँ
अपनी ही सृष्टि पर शाप हूँ
शिल्प क्यों शिल्पी हो दंडित
अंग-भंग मेरा करो

हाय!
प्रथम छवि अन्तिम
प्रथम स्पर्श अन्तिम
और मात्र एक आधा-अधूरा अभिसार
शेष संहार...शेष संहार

15

यह गंगा का तट है कवि
उस गंगा का जो कथाओं में ही नहीं
बाहर भी बहती है
यहीं रहता हूँ
वो रही मेरी पर्णकुटी

मैं उसके स्नान के लिए जल लेने आया हूँ
बस, हमीं दोनों रहते हैं और क्या
क्या नगर क्या पुर
खंडित मूर्ति और दंडित शिल्पी के लिए
कहीं स्थान नहीं

क्या करता हूँ
हाहाहाहाहाहा
प्रार्थना करता हूँ प्रार्थना
ईश्वर के ईश्वर से
कि ईश्वर के शिल्प को

शिल्प के ईश्वर दंड से मुक्त करे
और दंड ही देना हो
तो मुक्ति का दंड दें
मुक्ति का दंड हाहाहाहाहाहा

और क्या
उसे मैं निहारता हूँ
मुझे वह निहारती है
खेलता हूँ टकटकी लगाने का खेल
और कवि उसकी ढिठाई तो देखो
कभी नहीं हारती
चलता है चलने दो
जैसे वह प्रसन्न रहे
सच तो यही कि उसकी ही स्मिति से किरणें छिटकती हैं
दिन की उजास उसी की आभा से
उसी की थकान से गगन सँवलाता है
उसी की देह के घावों का कृष्ण रक्त तिमिर बन बहता है
उसी की पीड़ा से रात की निविड़ता
विकल वनस्पतियों में वही सिसकती है

—और अब क्या कहूँ
आपस में करते हैं बातें चुपचाप
सोचो तुम, कौन अधिक पत्थर है!